Christian Poell

Skandal in Hollywood

Die Wirkung von negativen Berichterstattungen über Superstars auf die Einspielergebnisse ihrer Filme

Bachelor + Master
Publishing

Poell, Christian: Skandal in Hollywood: Die Wirkung von negativen Berichterstattungen über Superstars auf die Einspielergebnisse ihrer Filme, Hamburg, Bachelor + Master Publishing 2013

Originaltitel der Abschlussarbeit: Skandale in der Filmbranche · Eine Analyse der ökonomischen Auswirkungen von negativen Berichterstattungen

Buch-ISBN: 978-3-95549-240-3
PDF-eBook-ISBN: 978-3-95549-740-8
Druck/Herstellung: Bachelor + Master Publishing, Hamburg, 2013
Zugl. Universität zu Köln, Köln, Deutschland, Diplomarbeit, Dezember 2010

Bibliografische Information der Deutschen Nationalbibliothek:
Die Deutsche Nationalbibliothek verzeichnet diese Publikation in der Deutschen Nationalbibliografie; detaillierte bibliografische Daten sind im Internet über http://dnb.d-nb.de abrufbar.

Das Werk einschließlich aller seiner Teile ist urheberrechtlich geschützt. Jede Verwertung außerhalb der Grenzen des Urheberrechtsgesetzes ist ohne Zustimmung des Verlages unzulässig und strafbar. Dies gilt insbesondere für Vervielfältigungen, Übersetzungen, Mikroverfilmungen und die Einspeicherung und Bearbeitung in elektronischen Systemen.

Die Wiedergabe von Gebrauchsnamen, Handelsnamen, Warenbezeichnungen usw. in diesem Werk berechtigt auch ohne besondere Kennzeichnung nicht zu der Annahme, dass solche Namen im Sinne der Warenzeichen- und Markenschutz-Gesetzgebung als frei zu betrachten wären und daher von jedermann benutzt werden dürften.

Die Informationen in diesem Werk wurden mit Sorgfalt erarbeitet. Dennoch können Fehler nicht vollständig ausgeschlossen werden und die Diplomica Verlag GmbH, die Autoren oder Übersetzer übernehmen keine juristische Verantwortung oder irgendeine Haftung für evtl. verbliebene fehlerhafte Angaben und deren Folgen.

Alle Rechte vorbehalten

© Bachelor + Master Publishing, Imprint der Diplomica Verlag GmbH
Hermannstal 119k, 22119 Hamburg
http://www.diplomica-verlag.de, Hamburg 2013
Printed in Germany

Inhaltsverzeichnis

Inhaltsverzeichnis I

Tabellenverzeichnis III

Abbildungsverzeichnis VII

Abkürzungsverzeichnis VIII

Symbolverzeichnis X

1. Einleitung 1

2. Marken, Menschen und Stars 4

    2.1. Theoretische Grundlagen des Markenmanagements 4

    2.2. Menschen als Marken 5

        2.2.1. Abgrenzung der Personengruppen 5

        2.2.2. Konzepte zu Menschen als Marken 6

        2.2.3. Markenwert und Markenstärke von Human Brands 8

    2.3. Starforschung 10

        2.3.1. Die Superstar-Theorie 10

        2.3.2. Die Entstehung und Funktionen von Stars 12

        2.3.3. Stars als Erfolgsfaktoren in Spielfilmen 14

        2.3.4. Besonderheiten des deutschen Marktes 16

3. Skandale 17

    3.1. Definition und Bedeutung eines Skandals 17

    3.2. Skandale und Medien 19

    3.3. Arten und Funktionen eines Skandals 20

    3.4. Mechanismen eines Skandals 22

        3.4.1. Akteure eines Skandals 22

        3.4.2. Phasen eines Skandals 24

        3.4.3. Narrative Struktur eines Skandals 24

        3.4.4. Folgen eines Skandals 25

    3.5. Rechtliche Aspekte und mögliche Gegenmaßnahmen 26

    3.6. Medienehtik und Moral 27

    3.7. Der Mensch als Marke und Skandale 28

4. Empirische Analyse zum Einfluss negativer Berichterstattung auf den Erfolg von Spielfilmen 29

4.1. Untersuchungsdesign & Methodik 29

    4.1.1. Datenerhebung 29

    4.1.2. Sample und Set 30

    4.1.3. Abhängige Variablen 32

    4.1.4. Kontrollvariablen 34

4.2. Operationalisierung der Daten 34

    4.2.1. Dummy-Variablen, Codierung und Missing Values 34

    4.2.2. Kategorien 35

    4.2.3. Perioden 36

    4.2.4. Analyseperspektiven 36

4.3. Güte der Datenerhebung 37

4.4. Angewandte Methoden der Datenanalyse 38

5. Ergebnisse/Befunde 38

5.1. Deskriptive Analysen 38

5.2. Kreuztabellierung und Kontingenzanalysen 41

5.3. Korrelationsanalysen 44

5.4. Tests auf Mittelwertunterschiede 48

5.5. Einfaktorielle Varianzanalyse 50

5.6. Lineare Regressionsanalyse 52

    5.6.1. Einfache lineare Regressionsanalyse 52

    5.6.2. Multiple lineare Regressionsanalyse 55

6. Zusammenfassung und Ausblick 58

Anhang XI

Literaturverzeichnis XL

Tabellenverzeichnis

Tabelle 1: Funktionen des Stars 14
Tabelle 2: Übersicht Stars und Bereiche 14
Tabelle 3: Übersicht Studien Stars als Erfolgsfaktoren 15
Tabelle 4: Skandalbeispiele aus verschiedenen Bereichen 18
Tabelle 5: Übersicht über Arten und Funktionen von Skandalen 20
Tabelle 6: Schritte und Phasen eines Skandals 24
Tabelle 7: Übersicht Sample der Analyse (N Filme) 31
Tabelle 8: Übersicht Set der Analyse (n Actor) 32
Tabelle 9: Übersicht Fallzahlen der Analyse (N * n) 32
Tabelle 10: Übersicht der Kategorien 35
Tabelle 11: Übersicht der Perioden 36
Tabelle 12: Allgemeine deskriptive Statistiken 39
Tabelle 13: Übersicht Anzahl Treffer und Skandale 39
Tabelle 14: Übersicht Sample/Set und Skandal Ja/Nein 39
Tabelle 15: Statistiken Skandalfilme und Skandalschauspieler 40
Tabelle 16: Kreuztabelle Länder-Gruppen und Skandale 42
Tabelle 17: Kreuztabelle Skandal und Geschlecht 43
Tabelle 18: Kreuztabelle Geschlecht und Treffer in Kategorien 43
Tabelle 19: Kreuztabelle Treffer mit Fokus Film 44
Tabelle 20: Korrelationen alle Filme 45
Tabelle 21: Korrelationen USA-Filme 46
Tabelle 22: Korrelationen Skandalfilme 46
Tabelle 23: Korrelationen Kategorien & Perioden 47
Tabelle 24: Korrelationen alle Schauspieler 48
Tabelle 25: Korrelationen USA-Schauspieler 48
Tabelle 26: Einfache Regressionen alle Filme 53
Tabelle 27: Einfache Regressionen alle Filme, abh. Variable Anzahl
 der Kopien ln 54
Tabelle 28: Einfache Regressionen alle Schauspieler, abh. Variable
 BO ln 54
Tabelle 29: Multiple Regressionen Box Office alle Filme 55
Tabelle 30: Multiple Regressionen Anzahl Kopien alle Filme 57

Tabelle 31: Multiple Regressionen Fokus Actor 57
Tabelle 32: Codierungsmatrix für PASW Statistics XI
Tabelle 33: Übersicht Skandaltreffer im Internet XIV
Tabelle 34: Tests auf Normalverteilung Analysevariablen XIX
Tabelle 35: Korrelationen Skandalfilme Kategorien und Perioden XX
Tabelle 36: Korrelationen Skandalschauspieler XX
Tabelle 37: Statistiken Mittelwert/Median, Filme/Skandalfilme XXI
Tabelle 38: Statistiken Mittelwert/Median, Männer/Frauen XXI
Tabelle 39: Statistiken Mittelwert/Median,
    Schauspieler/Skandalschauspieler XXI
Tabelle 40: Mittelwerttest parametrisch Skandal Ja/Nein XXII
Tabelle 41: Mittelwerttest nicht-parametrisch Skandal Ja/Nein XXII
Tabelle 42: Mittelwerttest parametrisch Skandal Ja/Nein nur USA XXII
Tabelle 43: Mittelwerttest nicht-parametrisch Skandal Ja/Nein nur
    USA XXII
Tabelle 44: Mittelwerttest parametrisch Geschlecht XXIII
Tabelle 45: Mittelwerttest nicht-parametrisch Geschlecht XXIII
Tabelle 46: Mittelwerttest parametrisch Schauspieler Skandal Ja/Nein XXIII
Tabelle 47: Mittelwerttest nicht-parametrisch Schauspieler
    Skandal Ja/Nein XXIII
Tabelle 48: Levene-Test Varianzanalyse Produktionsland/Skandale XXIV
Tabelle 49: Tests Zwischensubjekteffekte Varianzanalyse
    Produktionsland/Skandale XXIV
Tabelle 50: Tamhane-T2-Tests Varianzanalyse
    Produktionsland/Skandale 1/2 XXIV
Tabelle 51: Tamhane-T2-Tests Varianzanalyse
    Produktionsland/Skandale 2/2 XXV
Tabelle 52: Levene-Test Varianzanalyse Produktionsland/Treffer XXVII
Tabelle 53: Tests Zwischensubjekteffekte Varianzanalyse
    Produktionsland/Treffer XXVII
Tabelle 54: Tamhane-T2-Tests Varianzanalyse
    Produktionsland/Treffer 1/2 XXVII
Tabelle 55: Tamhane-T2-Tests Varianzanalyse
    Produktionsland/Treffer 2/2 XXVIII

Tabelle 56: Einfach Regressionen alle Filme, weitere Kontrollvariablen XXIX
Tabelle 57: Einfache Regressionen nur USA-Filme XXIX
Tabelle 58: Einfache Regressionen nur Skandalfilme XXIX
Tabelle 59: Einfache Regressionen nur Skandalschauspieler 1/2 XXX
Tabelle 60: Einfache Regressionen nur Skandalschauspieler 2/2 XXX
Tabelle 61: Modellzusammenfassung Regression alle Filme 1/3 XXXI
Tabelle 62: ANOVA Regression alle Filme 1/3 XXXI
Tabelle 63: Koeffizienten1 Regression alle Filme 1/3 XXXI
Tabelle 64: Koeffizienten2 Regression alle Filme 1/3 XXXI
Tabelle 65: Modellzusammenfassung Regression alle Filme 2/3 XXXII
Tabelle 66: ANOVA Regression alle Filme 2/3 XXXII
Tabelle 67: Koeffizienten1 Regression alle Filme 2/3 XXXII
Tabelle 68: Koeffizienten2 Regression alle Filme 2/3 XXXII
Tabelle 69: Modellzusammenfassung Regression alle Filme 3/3 XXXIII
Tabelle 70: ANOVA Regression alle Filme 3/3 XXXIII
Tabelle 71: Koeffizienten1 Regression alle Filme 3/3 XXXIII
Tabelle 72: Koeffizienten2 Regression alle Filme 3/3 XXXIII
Tabelle 73: Modellzusammenfassung Regression mit weiteren Kontrollvariablen XXXIV
Tabelle 74: ANOVA Regression mit weiteren Kontrollvariablen XXXIV
Tabelle 75: Koeffizienten1 Regression mit weiteren Kontrollvariablen . XXXIV
Tabelle 76: Koeffizienten2 Regression mit weiteren Kontrollvariablen .. XXXV
Tabelle 77: Modellzusammenfassung Regression abh. Variable Anzahl der Kopien 1/2 XXXVI
Tabelle 78: ANOVA Regression abh. Variable Anzahl der Kopien 1/2 . XXXVI
Tabelle 79: Koeffizienten1 Regression abh. Variable Anzahl der Kopien 1/2 XXXVI
Tabelle 80: Koeffizienten2 Regression abh. Variable Anzahl der Kopien 1/2 XXXVI
Tabelle 81: Modellzusammenfassung Regression abh. Variable Anzahl der Kopien 2/2 XXXVII
Tabelle 82: ANOVA Regression abh. Variable Anzahl der Kopien 2/2 XXXVII

Tabelle 83: Koeffizienten1 Regression abh. Variable Anzahl der Kopien 2/2 XXXVII

Tabelle 84: Koeffizienten2 Regression abh. Variable Anzahl der Kopien 2/2 XXXVII

Tabelle 85: Modellzusammenfassung Regression Fokus Schauspieler 1/2 XXXVIII

Tabelle 86: ANOVA Regression Fokus Schauspieler 1/2 XXXVIII

Tabelle 87: Koeffizienten1 Regression Fokus Schauspieler 1/2 XXXVIII

Tabelle 88: Koeffizienten2 Regression Fokus Schauspieler 1/2 XXXVIII

Tabelle 89: Modellzusammenfassung Regression Fokus Schauspieler 2/2 XXXIX

Tabelle 90: ANOVA Regression Fokus Schauspieler 2/2 XXXIX

Tabelle 91: Koeffizienten1 Regression Fokus Schauspieler 2/2 XXXIX

Tabelle 92: Koeffizienten2 Regression Fokus Schauspieler 2/2 XXXIX

Abbildungsverzeichnis

Abbildung 1: Skandal-Triade 23

Abbildung 2: Grafische Übersicht Skandal Ja oder Nein in % 40

Abbildung 3: Grafische Übersicht Länder-Gruppen und Skandale in % 42

Abbildung 4: Grafische Übersicht Skandal und Geschlecht in % 43

Abbildung 5: Schematische Übersicht Analyseperspektive Film XIII

Abbildung 6: Schematische Übersicht Analyseperspektive Schauspieler XIII

Abkürzungsverzeichnis

abh.	abhängig(e)
Abs.	Absatz
AD	Actor Durchschnitt (Durchschnitts-Einspielergebnisse)
AG	Actor Gesamt (Gesamt-Einspielergebnisse)
ANOVA	Analysis of Variance; Varianzanalyse
Art.	Artikel
BGB	Bürgerliches Gesetzbuch
BO	Box Office
BRD	Bundesrepublik Deutschland
df	degrees of freedom; Freiheitsgerade
EDI	Entertainment Data Incorporated bzw. seit 2010 Rentrak Germany GmbH
et al.	et alii; und andere
f.	folgende
ff.	fortfolgende
FFA	Filmförderungsanstalt
GG	Grundgesetz
Hrsg.	Herausgeber
IMDb	Internet Movie Database
Jg.	Jahrgang
Koeff.	Koeffizient
Konst.	Konstante
ln	natürlicher Logarithmus
LOG	Logarithmus
MarkenG	Markengesetz
max.	maximale(r)
PASW	Predictive Analysis Software
PSI	Parasoziale Interaktion
ROI	Return on Investment
S.	Seite(n)
SN	Signifikanzniveau
SPSS	Statistical Package for the Social Sciences

u.a.	unter anderem
USA	United States of America
Var.	Variable
vgl.	vergleiche
VIF	Varianzinflationsfaktor

Symbolverzeichnis

§	Paragraph
€	Euro-Währung
$	Dollar-Währung
%	Prozent-Zeichen
&	Und-Zeichen
Σ	Summen-Zeichen
>; <	Vergleichsoperatoren größer/kleiner als
$\geq$; $\leq$	Vergleichsoperatoren größer-gleich/kleiner-gleich als
+	Plus-Zeichen; positiver Befund bei Studien
-	Minus-Zeichen; negativer Befund bei Studien
=	Ergebnis-Zeichen
·	Multiplikations-Zeichen

1. Einleitung

„Bad News are Good News"

Amerikanisches Sprichwort

Negative Nachrichten und Berichterstattung gibt es in nahezu jedem gesellschaftlichem Bereich. Mit steigender Anzahl werden fast täglich neue Berichte über Lebensmittelskandale, Korruption bei Politikern oder neue Dopingfälle im Sportbereich in den Medien veröffentlicht. Immer öfter wird eine noch so kleine negative Nachricht von einer medialen Kampagne intensiviert und zu etwas Großem aufgebaut.[1] Aufgrund dieser Schlagzeilen können sich zwar die Verkaufszahlen der jeweiligen Zeitungen und Zeitschriften erhöhen, aber es besteht immer die Gefahr, dass durch eine negative Nachricht der Ruf oder das Image des Medienobjektes Schaden nimmt. Schaden nimmt im Extremfall aber nicht nur die Marke, sondern auch einzelne Personen. Durch eine Rückrufaktion eines Autoherstellers wird dessen Marke schwer beschädigt und Geschäftsführer treten im Extremfall von ihrer Position zurück. Selbst wenn sich im späteren Verlauf zeigt, dass diese Berichterstattung unberechtigt war, führt dies in vielen Fällen zu einem Verlust der Glaubwürdigkeit.[2]

Besonders Persönlichkeiten, die in der Öffentlichkeit stehen, werden von Medien verstärkt in den Fokus gesetzt. Ein bekanntes Gesicht verspricht nicht nur eine höhere Auflage, sondern darüber hinaus hat sich in den letzten Jahren die sog. Werbung mit Testimonials, bei der die positive Ausstrahlung einer berühmten Person auf ein Produkt übertragen werden und so zu höheren Kaufraten führen soll, stark verbreitet.[3] Generell haben Marken eine Informations- und Erkennungsfunktion für den Konsumenten, sodass anhand von Marken bestimmte Eigenschaften und bestimmte Werte assoziiert werden. Diese Verknüpfungen in den Köpfen der Verbraucher werden nicht nur für Produkte und Marken vorgenommen, sondern auch Personen werden mit bestimmten Attri-

---

[1] Vgl. Kepplinger, 2009, S. 191; Vgl. Böcking, 2007, S. 502 ff.
[2] Vgl. Nawratil, 1997, S. 216 ff.; Vgl. Käsler, 1989, S. 325 ff.
[3] Vgl. Leschnikowski, 2006, S. 5 ff.

buten verknüpft.[4] So z.B. sind mehrere Namen von Persönlichkeiten auch als Personenmarke beim deutschen Marken- und Patentamt eingetragen.[5]

In der jüngeren Vergangenheit hat sich eine Forschungsrichtung entwickelt, welches sich mit der Übertragbarkeit von Markenkonzepten auf Menschen als Marken, und nicht allein mit der Vermarktung von Produkten mittels Testimonials, befasst. In Abgrenzung zur Forschung im Bereich der Testimonials, der in dieser Arbeit nicht behandelt wird, sollen Überlegungen zur einer Marke Mensch im Vordergrund stehen.

Hier schließt sich die Frage an, wie sich Medienberichterstattungen auswirken können, wenn diese sich explizit auf Personen beziehen, die eine erhöhte Präsenz in der medialen Öffentlichkeit innehaben. Es gibt keine wissenschaftlichen Studien, die die Frage beantworten, ob nicht auch negative Berichterstattungen, ob unbeabsichtigt oder auch bewusst gesteuert, sich auf eine Marke Mensch ökonomisch auswirken können oder gar ein Erfolgsfaktor sind. Die vorliegende Arbeit soll anhand einer empirischen Untersuchung im Spektrum der Filmbranche einen Beitrag dazu leisten, diese Lücke zu schließen.

Der Bereich der Filmproduktion eignet sich aus mehreren Gründen für eine Analyse, ob negative Berichterstattungen ökonomische Auswirkungen nach sich ziehen können. Die Filmbranche ist ein großer Wirtschaftsfaktor im nationalen wie im internationalen Bereich. Jede Filmproduktion ist zudem aber mit hohen Kosten, wie z.B. Marketingkosten, Logistikkosten und eben auch Kosten für die Darsteller, verbunden und nur jede zehnte Kinoproduktion erwirtschaftet einen Gewinn.[6] Filme als Produkte betrachtet sind hedonistische Güter und jeder Film ist für sich genommen eine neue Innovation.[7] Der Zuschauer kann vorab nie gänzlich über das, was er später konsumiert, informiert werden.[8] Die Mitwirkung von sog. Stars kann aber diese Unsicherheit reduzieren.[9]

Die Forschung widmete sich in den letzten Jahren überwiegend den sogenannten Erfolgsfaktoren für Spielfilme und den Entscheidungsprozessen der Kino-

---

[4] Vgl. Esch, 2010, S. 107 f.
[5] Vgl. Deutsches Patent- und Markenamt, http://register.dpma.de/DPMAregister/Uebersicht, 04.12.2010; Einträge zu Michael Schumacher, Heidi Klum und Boris Becker.
[6] Vgl. FFA Filmförderungsanstalt, http://www.ffa.de/, 04.12.2010, Marktdaten – Kinoergebnisse – 5 Jahre auf einen Blick; Vgl. Spitzenorganisation der Filmwirtschaft e.V., http://www.spio.de/index.asp?SeitID=3, 04.12.2010; Vgl. Vogel, 2007, S. 80 ff.
[7] Vgl. Hennig-Thurau / Wruck, 2000, S. 3 f.
[8] Vgl. Austin, 1989, S. 59 f.
[9] Vgl. Franck / Opitz, 2003, S. 207 f.

gänger. Inwiefern aber die Darsteller und dementsprechend auch andere Persönlichkeiten aufgrund Ihrer medialen Öffentlichkeitspräsenz einen Einfluss auf die Entscheidung der Konsumenten haben, wurde bisher noch nicht eingehend untersucht. Innerhalb eines Spannungsfelds zwischen Themen der medialen Berichterstattung, einer möglichen Verunsicherung der Verbraucher aufgrund negativer Nachrichten und der Frage nach einem Konzept einer Marke Mensch bewegt sich diese Arbeit und versucht Antworten darauf zu geben wie und ob diese Themenbereiche sich miteinander verknüpfen lassen und welche Wirkungen mögliche Interdependenzen aufweisen.

Nach einer kurzen Einführung in das Themengebiet des Markenmanagements und der Markenführung wird darauf aufbauend ein Konzept der Marke Mensch anhand verschiedener wissenschaftlicher Ansätze entwickelt. Dieses neue Konzept wird sodann auf die für uns relevante Filmbranche übertragen. Zusätzlich werden Theorien zur Starforschung und zu Erfolgsfaktoren für eine Kinoproduktion mit besonderem Fokus auf den Faktor Mensch vermittelt.

Innerhalb des zweiten theoretischen Kapitels wird dargestellt, was unter negativer Berichterstattung verstanden werden kann und wie sich diese Berichte zu einem Skandal entwickeln können. Besonders wichtig sind in diesem Zusammenhang die Erläuterung der beteiligten Akteure, sowie der Ablauf eines Skandalprozesses und die möglichen Folgen für diese Akteure.

An diese theoretischen Kapitel schließt sodann der Hauptteil dieser Arbeit, die empirische Analyse zu den Auswirkungen negativer Berichterstattung, an. Es wird erläutert, wie Daten im Rahmen der Analyse erhoben und welche Quellen verwendet wurden. Zudem wird detailliert aufgezeigt, wie die jeweiligen Daten im Zuge der Fragestellung operationalisiert und aufbereitet wurden.

Anhand von mehreren bivariaten sowie multivariaten Analyseverfahren werden diese zuvor erhobenen Daten, mit dem Ziel Antworten auf mögliche Auswirkungen von negativen Meldungen aufzudecken, ausgewertet.

Im letzten Kapitel werden die Ergebnisse der einzelnen Abschnitte nochmal kurz zusammengefasst und Implikationen für die Praxis abgeleitet. Zudem soll aber auch auf offene Fragestellungen und Themenfelder hingewiesen sowie zukünftige Trends und Entwicklungen aufgezeigt werden.

2. Marken, Menschen und Stars

Um eine Analyse und Diskussion über das Theoriefeld von Menschen als Marken durchführen zu können, müssen zwei Aspekte geklärt sein. Einerseits muss das Konstrukt der Marke an sich verstanden werden und andererseits muss klar sein, über welche Personengruppen genau gesprochen wird. Erst danach sind Überlegungen angebracht, ob das Markenkonstrukt überhaupt auf Menschen angewendet werden kann und wenn ja wie.

2.1. Theoretische Grundlagen des Markenmanagements

Im rechtlichen Sinne sind Marken geschützte Zeichen zur Differenzierung von unterschiedlichen Produkten.[10] Einem Unternehmen dient eine Marke als einzigartiges Identifikationszeichen und dementsprechend werden sie als festgesetzte Wissensstrukturen in den Köpfen der Verbraucher charakterisiert, die positive Assoziationen hervorrufen, was dann den Kauf eines Produktes zur Folge haben soll.[11] Marken dienen jedoch nicht nur als Selektions- und Unterscheidungskriterium, sondern werden auch als potentieller Faktor bezüglich Kundenbindung und -beziehung angesehen.[12]

In Verbindung mit Erkenntnissen aus der Soziologie und Psychologie wird seit einigen Jahren von einer identitätsorientierten Markenführungsstrategie gesprochen.[13] Dieses ganzheitliche Konzept führt die Theorie des Markenimage bzw. -bekanntheit und der Markenidentität zusammen.[14] Wird das Konstrukt der Markenidentität in weitere verschiedene Dimensionen zerlegt, so ist im Rahmen dieser Arbeit besonders das Merkmal der Markenpersönlichkeit hervorzuheben.[15] Nach Aaker weisen Marken nicht nur spezielle Eigenschaften auf, sondern unterscheiden sich wie Menschen auch in bestimmten Persönlichkeitsmerkmalen, wie Aufrichtigkeit, Kompetenz oder auch Kultiviertheit.[16]

---

[10] Vgl. Bundesministerium für Justiz, http://bundesrecht.juris.de/markeng/index.html, § 3 MarkenG, 04.12.2010.
[11] Vgl. Esch, 2010, S. 79 ff.; Vgl. Keller, 1993, S. 1 f.
[12] Vgl. Henkel / Huber, 2005, S. 36.
[13] Vgl. Meffert / Burmann, 2005, S. 30 ff.
[14] Das Fremdbild einer Marke setzt sich aus dem Markenimage und der Markenbekanntheit zusammen und das Selbstbild einer Marke wird durch die Markenidentität bestimmt; Vgl. Sattler / Völckner, 2007, S. 53.
[15] Für eine Auflistung weiter Dimensionen vgl. Sattler / Völckner, 2007, S. 56 f; Vgl. Burmann / Meffert, 2005, S. 79
[16] Für eine vollständige Auflistung aller Facetten der Dimensionen der Markenpersönlichkeit vgl. Aaker, 1997, S. 352 ff.; Vgl. Henkel / Huber, 2005, S. 12.

Zudem ist der Ansatz der Markierung von Dienstleistungen sehr interessant im Hinblick auf eine mögliche Markierung von Menschen. Meffert und Bruhn definieren Dienstleistungen anhand von sieben zentralen Eigenschaften[17], die sich zumindest teilweise, wie die Individualität oder das Vorhandensein von direkten Kontakten, auch auf Menschen übertragen lassen.[18] Diese Kombination aus Dimensionen der Markenpersönlichkeit und Eigenschaften von Dienstleistungen dient als Basis für ein Markenführungskonzept für den Menschen.

2.2. Menschen als Marken

2.2.1. Abgrenzung der Personengruppen

Wird sich im Kontext des Markenmanagement bewegt und soll ein Bogen zur Marke als Mensch gespannt werden, so stellt sich zwangsläufig die Frage, ob jede beliebige Person sich als Marke eignet oder ob bestimmte Personenkreise doch Eigenschaften mitbringen, die die mögliche Schaffung einer Marke Mensch begünstigen können.

Anders als markierte Produkte, sind Personen lebendige Wesen mit persönlichen Charaktereigenschaften und Verhaltensweisen. Eine positiv bekannte Marke besitzt höhere Erfolgschancen sich auf Märkten zu differenzieren und herauszustellen.[19] Ähnlich verhält es sich mit berühmten Menschen. Bekannte Persönlichkeiten werden in der Öffentlichkeit häufig als prominent betrachtet. Tatsächlich leitet sich Prominenz vom lateinischen Wort prominere für hervorragen oder sich verbeugend ab. Darüber hinaus wird unter der Prominenz die Gesamtheit prominenter und demnach bekannter oder berühmter Personen bezeichnet.[20] Dabei heben sich prominente Persönlichkeiten nicht zwingend durch Leistung von anderen Personengruppen ab, sondern ein entscheidendes Merkmal ist eine erhöhte Aufmerksamkeit insbesondere in den Medien.[21] Diese Unterscheidung von der breiten Masse, was Peters sogar als eine Funktion der Publizität darstellt, kann im Extremfall in sog. Berufsberühmtheiten

---

[17] Für eine Beschreibung der Eigenschaften (Immaterialität, Nichtlagerfähigkeit, Simultaneität, Direktkontakt, Standortgebundenheit, Individualität) vgl. Meffert / Bruhn, 2009, S. 32 ff.
[18] Vgl. Henkel / Huber, 2005, S. 17; Vgl. Edelmann, 2003, S. 154 ff.
[19] Vgl. Herbst, 2003, S. 70 ff.; Vgl. Esch, 2010, S. 93 ff.
[20] Vgl. Langenscheidt Fremdwörterbuch Online, http://services.langenscheidt.de/fremdwb/fremdwb.html, 04.12.2010; Vgl. Online Wörterbuch Latein Auxilium-Net, http://www.auxilium-online.net/wb/formenanalyse.php, 04.12.2010.
[21] Vgl. Schneider, 2004, S. 58; Vgl. Peters, 1996, S. 17; Vgl. Franck, 1998, S. 118 f.

münden, die allein von gezielten inszenierten und öffentlichkeitswirksamen Auftritten leben. Zugleich wird auch angedeutet, dass Stars durchaus negative Nachrichten provozieren, um überhaupt Thema in der Öffentlichkeit zu werden oder bleiben.[22] Gilt der Prominenzbegriff im deutschen Raum für alle Bereiche des öffentlichen Lebens, so umfasst der äquivalente Begriff der Celebritys im amerikanischen Raum meist nur Personen des kulturellen Sektors.[23] Celebritys gelten in Amerika nicht selten als Helden oder Vorbilder, die dann zu sog. Stars werden können. Die Fähigkeit zur Schaffung dauerhafter öffentlicher Aufmerksamkeit wird demnach als Erfolgsfaktor für Prominenz gesehen. Ein Star zu sein geht aber über ein normales Publikumsinteresse hinaus. Gerade im Starbereich sind Fans ein wichtiger Faktor, um sich überhaupt von einer breiten Masse abgrenzen zu können. Hier werden zusätzlich private und intime Begebenheiten stark nachgefragt. Jedoch kehrt sich diese Thematik auch in einigen Fällen ins Negative um, was als Stalking bekannt ist.[24] Das Starphänomen wird in Kapitel 2.3. aufgrund der besonderen Relevanz im Rahmen der empirischen Untersuchung noch detaillierter erläutert.

2.2.2. Konzepte zu Menschen als Marken

Ausgehend von den beiden vorherigen Kapiteln, gilt es nun zu überlegen, in welchem Rahmen eine Person als Marke in ein Markenführungskonzept übertragbar ist. Aufgrund der quasi menschlichen Eigenschaften des beschriebenen Konzepts der Markenpersönlichkeit, kann dies als Basis einer Theorie für eine Marke Mensch betrachtet werden. Jedoch bedarf es noch eines Beziehungskonzeptes, das weiter als das derzeitige Verständnis des Relationship Marketing reicht und eine Markenbeziehung zu einem anderen Menschen, die über das normale Maß an sozialer Interaktion hinaus geht, erklären kann.[25] Werden Forschungen zu Beziehungstheorien näher betrachtet, so eignet sich die Theorie der parasozialen Interaktion (PSI) dazu das Konzept der Markenpersönlichkeit auf Menschen als Marken zu übertragen. Darauf wird im späteren Verlauf noch genauer eingegangen. Neben grundlegenden Modellen, wie der „Commit-

---

[22] Vgl. Peters, 1996, S. 30 ff.; Vgl. Franck, 1998, S. 113 ff.; Vgl. Schneider, 2004, S. 58 und S. 65.
[23] Vgl. Peters, 1996, S. 26 ff.
[24] Vgl. Hoffmann, 2002, S. 181 ff.
[25] Für einen Überblick über verschiedene theoretische Perspektiven der Kundenbindung bzw. des Relationship Marketing vgl. Homburg / Bruhn, 2008, S. 12 ff.

ment-Trust Theory"[26] von Morgan und Hunt oder dem Uses-and-Gratifikation-Ansatz[27], die Motive zur Mediennutzung aufzeigen, gelten insbesondere die Arbeiten von Fournier[28] Ende der 90er Jahre im Hinblick auf ein Markenkonstrukt für den Menschen als wichtig. Fournier erarbeitete ein umfassendes Marke-Kunden-Beziehungskonzept, welches aus mehreren Ebenen besteht. Ausgehend davon, dass eine Marke über eine rein nutzenorientierte Perspektive hinaus auch als Beziehungspartner angesehen werden kann, fasst Fournier die Qualität und Stärke einer solchen Beziehung als gefühlsbetonte und wechselseitige Partnerschaft auf.[29]

Wie schon herausgestellt, ist der gezielte Medieneinsatz bei einer Marke Mensch von besonderer Bedeutung. Die Frage ist hier, wie die Rezeption von Medieninhalten in Bezug auf bestimmte Charaktere wirken. In diesem Zusammenhang ist das schon angesprochene Konzept der PSI innerhalb von Massenmedien zu nennen.[30] Dabei werden Kommunikationsprozesse als aktive und soziale Handlungen der Zuschauer verstanden. Mit Fokus auf das Medium Fernsehen interagieren die Rezipienten mit einer „persona"[31], die eine intime Bindung zwischen diesen beiden hervorrufen kann. Hier setzt auch das Involvement-Konstrukt[32] an, welches als ein Schlüsselmerkmal innerhalb der Theorie zu Konsumentenverhalten und der emotionalen Aktivierung von Prozessen gilt. Zwar geht beim Konzept der PSI primär um fiktionale Figuren, jedoch sind Huber und Henkel der Ansicht, dass eine Übertragung des Markenpersönlichkeitskonzeptes auf prominente Persönlichkeiten im Rahmen der PSI möglich zu sein scheint.[33]

Einen Schritt weiter geht Thomson. Er prägt als erster den Begriff Human Brand als eine sehr bekannte Person, die für Marketingmaßnahmen geeignet ist, und stellte explizit eine spezielle Beziehungstheorie auf, nach der es Konsu-

---

[26] Morgan / Hunt, 1994, S. 20; Vgl. Henkel / Huber, 2005, S. 36 ff.
[27] Vgl. Katz / Blumler / Gurevitch, 1973, S. 509 ff.; Vgl. Fischer / Wiswede, 2002, S. 337 f.; Vgl. Faulstich, 2004a, S. 75 f.; Vgl. Brosius, 2002, S. 401 ff.
[28] Vgl. Fournier, 1998.
[29] Vgl. Fournier, 1998, S. 365 ff.; Fourniers Modell basiert auf sechs Facetten: Love/Passion, Self-Connection, Commitment, Interdependence, Intimacy und Brand Partner Qualitiy.
[30] Vgl. Horton / Wohl, 1956, S. 215 ff.; Vgl. Suckfüll, 2003, S. 140 ff.
[31] Horton / Wohl, 1956, S. 216; Die persona ist eine fiktive mediale Persönlichkeit mit der Konsumenten Verbindungen aufbauen können.
[32] Vgl. Kroeber-Riel/ Weinberg, 2003, S. 371 ff.; Vgl. Henkel / Huber, 2005, S. 63 ff.; Vgl. Trommsdorff, 2009, S. 47 ff.
[33] Vgl. Henkel / Huber, 2005, S. 14.

menten möglich sein soll, Zufriedenheit, Vertrauen und Beziehungsstärke zwischen Menschen und Human Brands zu entwickeln.[34] Ausgehend von menschlichen Bedürfnissen nach Autonomie, Beziehungen und Kompetenz, fand er heraus, dass sich die Stärke einer Beziehung zwischen Konsumenten und Human Brands erhöht, wenn die Bedürfnisse des Konsumenten nach Autonomie und Beziehungen befriedigt werden.[35] Der Faktor Kompetenz spielt jedoch so gut wie keine Rolle. Dies impliziert, dass auch nicht-talentierte Personen durchaus als Marken fungieren können, solange sie eine starke positive, nahezu gefühlvolle Bindung zu Konsumenten aufbauen können.[36]
Zusammenfassend können Menschen mittels Übertragung von Elementen aus den Konzepten der Markenpersönlichkeit und des Dienstleistungsmarketings markiert werden. In Kapitel 2.3.2. wird zudem deutlich, dass besonders im Starbereich, welcher als Teilgebiet des Human-Brand-Konzepts angesehen werden kann, Beziehungskonzepte eine zentrale Rolle darstellen.

2.2.3. Markenwert und Markenstärke von Human Brands

Im Rahmen des Markenmanagements ist es von besonderer strategischer Bedeutung den Wert und die Stärke einer Marke messen zu können.[37] Neben einigen etablierten Modellen von Markenbewertungsansätzen, die auf verhaltenswissenschaftliche (oder auch monetäre) Theorien zur Markenbildung basieren, gibt es im Bereich der Human Brands bisher noch kein wirklich etabliertes Konzept der Stärkemessung.[38]

Im Sportbereich ist die relative Messung der Qualität und Stärke dadurch gegeben, dass sich Sportstars in vorher definierten Disziplinen messen und ihre Leistungen z.B. anhand von Turniergewinnen oder auch Geschwindigkeitsmessungen einfach bestimmt werden können. Jedoch sind Sportstars zu beachten, die z.B. in Mannschaftssportarten wie dem Profifussball relativ vergleich-

---

[34] Vgl. Thomson, 2006, S. 116 f.
[35] Vgl. Thomson, 2006, S. 106; Das Konstrukt Beziehung wird definiert als das Streben nach Nähe zu anderen Personen und dem Vermeiden von Isolation; Kompetenz wird definiert als ein Gefühl fähig zu sein, etwas gezielt mit eigenen Talenten erreichen zu können; Autonomie wird definiert als das Gefühl einer Person, selbstbestimmt frei handeln und entscheiden zu können.
[36] Vgl. Thomson, 2006, S. 110 f. und S. 113 f.
[37] Vgl. Esch, 2010, S. 57 ff.
[38] Vgl. Baumgarth, 2008, S. 320 ff.

bare Leistungen erbringen, aber unterschiedlich viel verdienen.[39] In Kapitel 2.3.1. wird auf dieses Phänomen noch Bezug genommen.

Ähnlich einer Platzierung in einem sportlichen Wettkampf können in anderen Bereichen Auszeichnungen oder externe Kritiken zur Bewertung herangezogen werden.[40] Die Frage bleibt jedoch, anhand welcher objektiven Kriterien diese Preise vergeben werden.

Darüber hinaus gibt es Rankingsysteme, die jedes für sich in Anspruch nehmen, dass es anhand von nachvollziehbaren Kriterien Stars objektiv in eine Rangfolge darstellen kann. Bekannt sind unter anderem die Rankings des Hollywood-Reporters der „bankable Stars"[41] und der Celebrity-Top-100-List von Forbes. Diese Rankings werden in mehr oder weniger regelmäßigen Abständen neu ermittelt und geben Auskunft darüber, an welcher Position sich ein Star derzeit im System befindet.[42] In einigen Arbeiten zum Thema Markenwertmessung von Stars werden diese Rankings als Basis für weitere Berechnungen benutzt.[43] Zudem werden auch Markenwerte von Sportlern ermittelt und in der Form einer Rangliste veröffentlicht.[44] Jedoch bleibt auch hier die Frage nach der Systematik der Bewertung unbeantwortet. Trotz dieser teilweise nicht objektiv nachvollziehbaren Verfahren bestehen Wettrennen innerhalb dieser Ranglisten um die höchsten Positionen, welche in Kapitel 2.3.1. und 2.3.2. noch genauer erläutert werden.[45]

Abstrahiert von Rankings ist Engh der Meinung, dass sich der Markenwert als Folge eines sich entwickelten Markenimages in der Qualität und Stärke der Beziehungen zum Kunden bzw. Fans, wiederspiegeln kann. Jedoch wird nicht klar, wie dieser Markenwert letztlich monetär ausgedrückt werden kann.[46]

---

[39] Franck, 2001, S. 42 ff.; Vgl. Frick, 2001, S. 75 ff.
[40] Vgl. Nelson / Donihue / Waldman / Wheaton, 2001.
[41] Gaitanides, 2001a, S. 19; Bankable Stars werden definiert als Stars oder bekannte Schauspieler, die Fremdkapitalgebern eine mögliche Sicherheit dafür geben, dass der entsprechende Film ein ökonomischer Erfolg wird.
[42] Vgl Gaitanides, 2001a, S. 10; Ranglisten werden i.d.R. nur für den US-Markt erstellt und veröffentlicht; Vgl. Hollywood-Reporter Online, http://web.archive.org/web/20080822081119/http://www.hollywoodreporter.com/hr/tools_data/star_power/index.jsp, 04.12.2010; Vgl. Forbes Online, http://www.forbes.com/lists/, 04.12.2010, Celebrity 100 Listen 2005 – 2010.
[43] Vgl. Elberse, 2007, S. 103; Vgl. Hennig-Thurau / Dallwitz-Wegner, 2004, S. 158.
[44] Vgl. Homepage von BBDO Consulting, http://www.bbdo-consulting.de/cms/de/news/pressemappe/Praesentationen/100809_Markenbewertung_Fussballer_FINAL_online.pdf, 04.12.2010.
[45] Vgl. Gaitanides, 2001b, S. 9 f.; Vgl. Frank / Cook, 1995, S. 23 ff.; Vgl. Rosen, 1981, S. 845 ff.
[46] Vgl. Engh, 2006, S. 193 f.; Engh bezieht seine Ausführungen nur auf den Musikmarkt.

Clement et al. kreierten auf der Grundlage des Markenverständnis nach Keller einen objektiven Ansatz zur Messung von Künstlermarken. Mehrere objektive Faktoren werden hier zur Bewertung eines Künstlers innerhalb der Musikbranche herangezogen. Die Markenpersönlichkeit und die Künstlerqualität konnten dabei als stärkste Treiber eines Markenimages herausgestellt werden, wohingegen die Einzigartigkeit und im Besonderen die Qualität der Stimme keinen signifikanten Einfluss aufweisen. Zudem wird betont, dass eine Übertragbarkeit auf andere Bereiche, wie z.B. die Filmbranche, nicht gewährleistet werden kann.[47]

2.3. Starforschung

2.3.1. Die Superstar-Theorie

Als Begründer der sog. Superstar-Theorie gilt Rosen.[48] Er versucht die teilweise enorm hohen Einkommensunterschiede auf sogenannten „Winner-Take-All Markets"[49] zu erklären. Der Begriff dieser Winner-Take-All Märkte, welche sich nicht nur auf Märkte in der Unterhaltungsindustrie beschränken, sondern sich auch z.B. auf Gütermärkten beziehen können, wurde von Frank und Cook 1995 geprägt. Diese zeichnen sich dadurch aus, dass der Erfolg auf diesen Märkten abhängig ist von der relativen Leistung zu anderen Akteuren. Kernpunkte sind darüber hinaus eine außergewöhnlich hohe Konzentration der Marktgewinne auf einige wenige Akteure an der Spitze der Märkte und eine sich stetig vergrößernde Spanne zwischen enorm hohen Einkommen und niedrigen Einkommen. Durch die großen Einkommen an der Spitze der Märkte entstehen auch entsprechend große Anreize in diese Märkte einzutreten.[50] Diese neuen Akteure, von einigen Autoren auch als „wannabes"[51] bezeichnet, konkurrieren mit den schon vorhandenen Akteuren um die wenigen Top-Positionen. Durch Selbstüberschätzung der wannabes und gleichzeitige Verteidigungsmaßnahmen der etablierten Akteure, werden Ressourcen verschwendet.

---

[47] Vgl. Clement / Völckner / Granström / van Dyk, 2008, S. 103 ff.
[48] Vgl. Rosen, 1981.
[49] Frank / Cook, S. 1.
[50] Vgl. Frank / Cook; 1995, S. 101 ff.
[51] Franck, 2001, S. 41; Gaitanides, 2001a, S. 13.

Die aufgebrachten Kosten für den Markteintritt oder zur Verteidigung sind meistens höher als der tatsächliche Nutzen daraus.[52]

Rosens Arbeit erklärte quasi schon ökonomisch die Einkommensverteilungen auf solchen Märkten. Grundannahme ist eine „imperfect substitution"[53]. Die Anbieter sind für den Nachfrager nicht vollständig substituierbar. Der Besuch eines Konzertes des Künstlers X ist z.B. viel mehr wert als der Besuch zweier Konzerte des Künstlers Y. Rosen führt diese Qualitätsunterschiede auf eine unterschiedliche Talentverteilung zurück. Zu beachten ist hierbei jedoch, dass Rosen in seinem Erklärungsansatz von völliger Qualitätssicherheit der Nachfrager ausgeht, d.h. die Leistungen der Anbieter sind jederzeit einwandfrei zu bewerten und zu beurteilen.[54] Dies führt auf Winner-Take-All Märkten zu konvexen Einkommensfunktionen, wo relativ kleine Leistungsabweichungen zu hohen Einkommensunterschieden führen können. Der Star ist dann laut Franck derjenige, der die Spitze dieser Verteilung erreicht und somit das größte Einkommen für sich in Anspruch nimmt. Entsprechend den Grundannahmen besitzt dieser Star das meiste Talent und ist der Beste seines Faches.[55]

Als zweiten Erklärungsansatz führt Rosen den Begriff der „joint consumption"[56] ein. In Anlehnung an öffentliche Güter können Stars auf Winner-Take-All Märkten geringe Grenzkosten nutzen. Die Kosten einer Konzertproduktion z.B. steigen nicht proportional mit der Größe des Absatzmarktes. Die Kosten für eine Ausdehnung des Mehrabsatzes bleiben hier gering, sodass der Outcome bzw. die Gewinne überproportional steigen können.[57]

Wenn also eine imperfekte Präferenzsubstitution in Verbindung mit joint consumption auftritt, haben die Anbieter (Stars) die Möglichkeit große Märkte zu geringen Kosten zu bedienen und enorm hohe Einkommen zu generieren.

Als Weiterführung dieser Theorie gilt Adler's Arbeit.[58] Er kritisiert die von Rosen unterstellte Qualitätssicherheit und beschreibt ein Modell mit hohen Einkommensunterschieden ohne Talentunterschiede. Ausgangspunkt bei ihm ist das Konsumentenverhalten. Bevor es zu Konsum in jeglicher Art und Weise

---

[52] Vgl. Frank / Cook, 1995, S. 125 ff.
[53] Rosen, 1981, S. 856.
[54] Vgl. Rosen, 1981, S. 845 f.
[55] Vgl. Franck, 2001, S. 41 f.; Vgl. Rosen, 1981, S. 845.
[56] Rosen, 1981, S. 847.
[57] Vgl. Rosen, 1981, S. 847.
[58] Vgl. Adler, 1985.

kommt, muss der Konsument Wissen ansammeln. Dieses Wissen, auch „consumption capital"[59] genannt, basiert auf der Wirkungsweise von Netzwerkexternalitäten. Je größer das Wissen über eine bestimmte Sache ist, desto häufiger wird diese auch konsumiert.[60] Chung und Cox bestätigten die These anhand eines stochastischen Modells, das Talent für das Erreichen hoher Positionen nicht nötig wäre. Jedoch widerlegte Giles diese Theorie anhand empirischer Untersuchungen innerhalb der US-Musikmarktindustrie. Hauptgrund ist die Schwierigkeit Talent zu messen und in einen ökonomischen Kontext zu bringen.[61] Ergänzend dazu beschrieb Akerlof ähnliche Märkte, die er mit Rattenrennen verglich. Hier verteilt sich ein Großteil des Einkommens in einem Markt auf wenige hoch positionierte Stars.[62]

Die hier beschriebenen Mechanismen und Konkurrenzkämpfe um unteilbare hohe Rangpositionen bilden die elementaren Grundlagen der Starforschung. Autoren und Forscher bedienen sich dieser und erweitern oder ergänzen diese mit eigenen Modellen und Ergebnissen. Mehrfach wird zudem angeführt, dass die vorgestellten Theorien generalisierbar sind.[63]

2.3.2. Die Entstehung und Funktionen von Stars

Wie in 2.2.1. dargestellt, gelten gewisse Personen als prominent oder sogar als Marken. Der Begriff des Stars geht aber über den Status eines Prominenten hinaus.[64] Ein Star ist Vorbild für eine bestimmte Gruppe innerhalb der Bevölkerung, seine Fans. Als eine Art Leitfigur verkörpert ein Star gewisse Normen und Werte.[65] Träume und Ziele, die für einfache Mitglieder der Gesellschaft unerreichbar zu sein scheinen, werden innerhalb eines Identitätsmodells mit dem Star verknüpft.[66] Einerseits sind Stars einem gewissen kontinuierlichen Image unterworfen, was wiederum zu Erwartungen und Stereotypen bei deren Fans führt, andererseits wollen diese auch möglichst viel über das wirkliche Leben eines Stars erfahren. Dabei werden möglicherweise bestimmte Erwar-

---

[59] Adler, 1985, S. 208.
[60] Vgl. Adler, 1985, S. 208 f.
[61] Vgl Chung / Cox, 1994, S. 774 f.; Vgl. Giles, 2006, S. 72 f.
[62] Vgl. Akerlof 1984, S. 603 ff.; Vgl. Gaitanides, 2001a, S. 12 f.
[63] Vgl. Rosen, 1981, S. 845 f.; Vgl. Gaitanides, 2001b, S. 7 f.; Vgl. Franck, 2001, S. 42 ff.
[64] Vgl. Staiger, 1997, S. 49 f.
[65] Vgl. Sommer 1997, S. 117.
[66] Vgl. Faulstich / Korte / Lowry / Strobel, 1997, S. 17 f.; Vgl. von Halem, 2001, S. 24 f.; Vgl. Sommer, 1997, S. 114 ff.

tungen nicht erfüllt und ein Imagebruch erfolgt. Die sprichwörtliche Aura des Unantastbaren und Geheimnisvollen kann Schaden nehmen, was in Reputationsschädigungen und zum Fall des Stars führen kann.[67] Demnach wird die Beziehung eines Stars zu Fans auch als reziprok angesehen. Der Star ist nichts ohne Fans und die Fans ziehen ihren Star zur Identitätskonstruktion heran.[68]

Stars können zudem von Medien quasi erschaffen und gefördert werden, wodurch das Image eines Stars auch als multimediales Konstrukt verstanden werden kann.[69] Einige Autoren beschreiben diese Medieninszenierung auch als Abgrenzung zum Prominentenstatus.[70] In diesem Zusammenhang wird von einem Signalrennen gesprochen. Hier können solche Personen, wenn auch nur für kurze Zeit, aufgrund von anhaltender medialer Präsenz in die obersten Rangpositionen vordringen, wenn diese über kaum oder kein Talent verfügen oder keine objektiv qualitativ gute Leistung erbringen.[71] Um jedoch längerfristig erfolgreich zu sein, bedarf es einer gewissen Qualität, welche dann zielgruppenspezifisch optimal vermarktet werden muss.[72] Unterschieden werden die Merkmale Erfolg, Kontinuität und Image. Treffen diese positiv auf eine Person zu, ist das grundsätzliche Potential ein Star zu sein vorhanden.[73]

Zudem kann ein Star in verschiedenen Bereichen eine gewisse Hebelfunktion einnehmen. Wird ein Star verpflichtet, so kann dieser als Türöffner für weitere Finanzierungsquellen des jeweiligen Projektes dienen.[74] Kinogänger oder Besucher eines Fußballspiels haben grundsätzlich eine Unsicherheit bezüglich ihrer Kaufentscheidung, da sie nicht wissen was sie erwartet. Kritiken und Fernsehberichte, Mund-zu-Mund-Werbung[75], die aktuelle Tabellenposition oder eben Stars dienen dann als Qualitätsmerkmal.[76] Im wesentlichen Sinn könnte dieses schon als Funktion der Unsicherheitsreduktion angesehen werden, jedoch bezieht sich dieser Begriff im engeren Sinn auf die Angebotsseite im Rahmen von Produktionsfirmen. Durch Stars soll einerseits das Risiko eines

---

[67] Vgl. Franck, 1998, S. 131 f.
[68] Vgl. Sommer, 1997, S.123; Vgl. Hörnlein, 2003, S. 17.
[69] Vgl. Franck, 1998, S. 151 ff.; Vgl. Hörnlein, 2003, S. 13, Thiele, 1997, S. 136 ff.
[70] Vgl. Schneider, 2004, S. 67; Vgl. Peters, 1996, S. 23 f.
[71] Vgl. Gaitanides, 2001a, S. 12 f.; Vgl. Peters, 1996, S. 19 f.
[72] Vgl. Hörnlein, 2003, S. 10 f.
[73] Vgl. Faulstich / Korte / Lowry / Strobel, 1997, S. 11 ff.; Vgl. Dyer, 1998, S. 33 ff.
[74] Vgl. Gaitanides, 2001b, S. 10 f.
[75] Vgl. Eisenstein, 1994, S. 89; Vgl. Franck / Opitz, 2003, S.205 f.; Mund-zu-Mund-Werbung und Word-of-Mouth werden synonym betrachtet.
[76] Vgl. Gaitanides, 2001a, S. 17 ff.; Vgl. Dyer, 1998, S. 90 ff.

finanziellen Flops gesenkt werden, auf der anderen Seite steigen jedoch auch in Form der Gagen die Kosten eines Films.[77] In Tabelle 1 sind nochmal die wichtigsten ökonomischen und sozialtheoretischen Funktionen verdeutlicht.[78]

Tabelle 1: Funktionen des Stars

Der Star	
ökonomische Funktionen	sozialtheoretische Funktionen
Hebel- / Katalysatorfunktion	Identitätskonstruktion
Unsicherheitsreduktion	Vorbild, Leitbild, Idol
Qualitäts- / Signalfunktion	Emotionale Affinität und Befriedigung

Quelle: eigene Darstellung.

Diese hier dargestellten generellen Funktionen von Stars können gerade im Bereich der Filmwirtschaft verschiedene Wirkungen nach sich ziehen, welche in Kapitel 2.3.3. und 2.3.4. noch ausführlicher dargestellt werden. Tabelle 2 zeigt das Star-Phänom in verschiedenen Bereichen.[79]

Tabelle 2: Übersicht Stars und Bereiche

Sparte/Bereich	Star	Leistung/Funktion
Politik	Barack Obama; Helmut Kohl	„Yes we can"; Deutsche Einheit
Sport	Michael Jordan; Franz Beckenbauer	erfolgreiche einzigartige Spielweise
Musikindustrie	Michael Jackson; Madonna	generationenprägende Musik
Filmindustrie	Tom Cruise, Halle Berry	prämierte erfolgreiche Schauspieler
Wirtschaft	Steve Jobs, Bill Gates	Microsoft und Apple
fiktionale Bereiche	Lara Croft; Indiana Jones	Computerspielreihe & Film

Quelle: eigene Darstellung.

2.3.3. Stars als Erfolgsfaktoren in Spielfilmen

Nach der Winner-Take-All-Theorie schöpfen die Stars einer Branche in den höchsten Positionen die größten Renten ab. In der Filmbranche sind diese Einkommen der Schauspieler für die Produzenten und die Unternehmen aber gleichzusetzen mit enorm hohen Kosten. Bevor ein Film überhaupt in den Kinos angelaufen ist, hat dieser schon teilweise extrem hohe Marketing- und Produktionskosten verursacht und schon nach der ersten Vorführungswoche lässt sich prognostizieren, ob der Film seine Kosten wieder einspielt oder ob diese verloren und sunk costs sind.[80] Um einen Film, sofern dieser an ökonomischen Gesichtspunkten gemessen werden soll, kalkulierbar zu machen, wurden bezüglich der Spielfilmproduktion Einfluss- und Erfolgsfaktoren anhand Studien identifiziert, welche sich aber größtenteils auf den US-Markt beziehen.[81] Das Produktionsbudget, das Marketingbudget, der Personalauf-

---

[77] Vgl. Hennig-Thurau / Dallwitz-Wegner, 2004, S. 158; Vgl. Franck / Opitz, 2003, S. 206.
[78] Vgl. Dyer, 2007, S. 86 f.; Vgl. Hörnlein, 2003, S. 20 und 28 ff.
[79] Vgl. Kepplinger, 1997, S. 176 ff.; Vgl. Dyer, 1998, S. 7 f.; Vgl. Alberoni, 2007, S. 65 ff.
[80] Vgl. Clement, 2004, S. 250 f.; Vgl. von Halem, 2001, S. 27.
[81] Auf Besonderheiten des deutschen Markts wird noch in Kapitel 2.3.4. eingegangen.

wand, die Anzahl der Filmkopien, Kritiken und Auszeichnungen, sowie die (künstlerische) Qualität eines Films wurden als Erfolgsfaktoren besonders hervorgehoben.[82] Austin und Hennig-Thurau untergliedern diese Faktoren in produktinhärente, welche die Ausgestaltung eines Films prägen, und produktinduzierte Merkmale, die eine subjektive Kommentierung der inhärenten Faktoren darstellen.[83]

Besonders im Hinblick auf den induzierten Faktoren, spielen sozialpsychologische Modelle eine entscheidende Rolle, die zur Erklärung beitragen, ob Personengruppen einen Kinobesuch durchführen oder nicht. Theorien zu Meinungsführern und Gruppendynamiken sowie daraus resultierende Word-of-Mouth-Prozesse sind nur einige Beispiele dieses Spektrums.[84]

Wird der spezielle Forschungsbereich zu Stars als Erfolgsfaktoren genauer betrachtet, wird deutlich, dass sich hier Studienergebnisse teilweise stark widersprechen. Neben einer unterschiedlichen Stärke eines Stars als Erfolgsfaktor, liegen auch Arbeiten vor, in denen kein signifikanter Zusammenhang zwischen dem Erfolg eines Films und eines Stars ermittelt werden konnte. Die folgende Tabelle 3 gibt einen Überblick über ausgewählte Forschungsarbeiten der letzten Jahre, wobei „+" einen positiven und „–" keinen Zusammenhang bedeutet.

Tabelle 3: Übersicht Studien Stars als Erfolgsfaktoren

Autoren	Jahr	Inhaltliche Dimension	Befunde
Wallace / Steigermann / Holbrook	1993	Star Power und Weakness	+
Prag / Casavant	1994	Drawing Power	+/-
Albert	1998	Marking Power	+
Ravid	1999	Rent Capturing Power	-
de Vany / Walls	1999	Opening und Staying Power	+/-
Hennig-Thurau / Wegner	2004	Stars als Ingredient Brands	+/-
Elberse	2006	Gruppendynamiken	+
Hennig-Thurau / Housten / Walsh	2007	Negative Relationship and Qualitiy Perceptions	-

Quelle: eigene Darstellung.

Neben der Markierung eines Films mit namhaften Schauspielern beeinflussen sich mehrere Stars in einem Film auch gegenseitig positiv. Zudem wird mehrfach erwähnt, dass das Image des Stars zu einem Film bzw. seiner Rolle im Film passen muss und dadurch höhere Umsätze verwirklicht werden können.

---

[82] Vgl. Ravid, 1999; Vgl. de Vany / Walls, 1999; Vgl. Hennig-Thurau / Houston / Walsh, 2007; Vgl. Prag / Casavant, 1994; Vgl. Litman, 1983.
[83] Vgl. Austin, 1989, S. 62 f.; Vgl. Hennig-Thurau / Wruck, 2000, S. 4 ff.
[84] Vgl. Fischer / Wiswede, 2002, S. 345 ff.

Andere Studien machen jedoch deutlich, dass Stars kaum oder keinen signifikanten Einfluss haben. Stars gelten diesen Studien zufolge eher als Treiber für ein höheres Budget, was dann als primärer Faktor für höhere Einspielergebnisse angesehen wird. Zudem generieren Stars hohe Kosten in Form von Gehältern, sodass die erzielten Umsätze keinen Gewinn bringen. Ebenso gelten Faktoren wie Word-of-Mouth oder Kritiken, was auch unter dem Schlagwort „success-breeds-success"[85] zusammengefasst wird, als Umsatztreiber.[86]

2.3.4. Besonderheiten des deutschen Marktes

Das Forschungsgebiet zum Thema Erfolgsfaktoren von Spielfilmproduktionen hat zwar in den letzten Jahren an Bedeutung gewonnen, jedoch gilt dies überwiegend nur für den amerikanischen Markt. Für den deutschen Markt hingegen gibt es derzeit nur wenige Forschungsarbeiten.[87] Zwar gibt es auch in Deutschland einige Schauspieler, denen von verschiedenen Medien der Status Star zugeschrieben wird, jedoch ist völlig unklar, ob die Ergebnisse der internationalen Studien auf den deutschen Markt übertragbar sind.[88]

Der Hauptteil der Studien, die sich auf den deutschen Markt beziehen, befasst sich generell mit dem Thema des Entscheidungsprozesses der Kinogänger im Vergleich zu anderen Märkten. Nennenswerte Unterschiede zwischen dem amerikanischen und deutschen Markt wurden aber nicht gefunden. Auch hier stehen gruppendynamische Theorien, sowie die angesprochenen Produktionsfaktoren eines Films eine große Rolle.[89] Jahresvergleiche zeigen zudem, dass Kulturunterschiede und somit auch unterschiedliche Genrevorlieben keine Wirkungen auf die Filmwahl haben.[90] Wird jedoch der Fokus auf die mitwirkenden Schauspieler gelegt, wurden einige Besonderheiten herausgearbeitet. Nach Gaitanides werden nahezu 50 % der Erfolgsvarianz durch den vorherigen Erfolg eines Films auf dem US-Markt erklärt. Zwar kann ein US-Star in einem Film den Erfolg in Deutschland nicht garantieren, jedoch besteht eine größere Hit-Wahrscheinlichkeit und auch die Laufzeit eines Films kann sich verlän-

---

[85] Elberse / Eliashberg, 2003, S. 329.
[86] Vgl. Basuroy / Chatterjee / Ravid, 2003; Vgl. Holbrook, 1999.
[87] Vgl. Gaitanides, 2001a, S. 35 ff.; Vgl. Hennig-Thurau / Walsh / Bode, 2004.
[88] Vgl. Gaitanides 2001a, S. 64; Vgl. Deutsche Welle Online, http://www.dw-world.de/dw/article/0,,6006141,00.html, 04.12.2010.
[89] Vgl. Dewenter / Westermann, 2005, S. 215 ff.
[90] Vgl. Gaitanides, 2001a, S. 36 f.

gern.[91] Entscheidend aber ist, dass die Star Power kein unmittelbarer Erfolgsfaktor in Deutschland zu sein scheint. Viele weitere Faktoren wie die Anzahl der Filmkopien, Filmkritiken, Marketingbudget und vor allem der Produktionsaufwand sind die Treiber für einen Erfolg.[92] In einer zweiten Studie stellt Gaitanides fest, dass es Star Power als generelles Phänomen sowohl in Deutschland als auch in den USA nicht zu geben scheint. Nur einige wenige US-Stars sind wohl in der Lage so etwas wie Star Power zu entfalten. Zudem kommt er zu dem Ergebnis, dass deutsche Schauspieler keine Star Power besitzen und es somit in Deutschland auch keine Stars im eigentlichen Sinne gibt.[93] Als Begründung wird die permanente Präsenz der deutschen Schauspieler sowohl in Kino- als auch in Fernsehproduktionen herangezogen, welche somit den Aufbau einer Staraura, wie sie in Kapitel 2.3.2. beschrieben ist, verhindert.[94]

Hennig-Thurau und Wegner erarbeiteten zudem unter der Nutzung des Konzepts des Ingredient Branding[95] heraus, dass der Erfolg eines Films vom Fit mit Genre und Schauspieler zusammenhängt, jedoch ein Schauspieler nicht unmittelbar mit der Besuchsabsicht des Kinogängers in Beziehung steht.[96]

3. Skandale

Nachdem im vorherigen Kapitel die theoretischen Aspekte bezüglich einer Marke Mensch und Bereiche der Starforschung thematisiert wurden, widmet sich Kapitel 3. nun der Skandalberichterstattung. Der Schwerpunkt liegt dabei auf der begrifflichen und inhaltlichen Definition eines Skandals und welche Prozesse bei der Skandalberichterstattung ablaufen.

3.1. Definition und Bedeutung eines Skandals

Das Wort Skandal leitet sich ursprünglich von dem griechischen Wort skandalon für das Stellhölzchen einer Tierfalle ab. Der griechische Dichter Aristophanes benutzte das Wort skandalon um zu beschreiben, wie ein Angeklagter von

---

[91] Vgl. Gaitanides, 2001a, S. 37 f. und S. 71 ff.
[92] Vgl. Gaitanides, 2001a, S 64 f. und S. 75 ff.; Vgl. Hennig-Thurau / Wruck, 2000, S. 21 ff.
[93] Vgl. Gaitanides, 2001a, S. 15 ff. und S. 43 f. und S. 64 f.
[94] Vgl. von Halem, 2001, S. 30.
[95] Als Ingredient Branding wird die vertikale Kombinationsform des Co-Branding bzw. einer Markenallianz bezeichnet; Vgl. Freter / Baumgarth, 2005, S. 452 ff.
[96] Vgl. Hennig-Thurau / Dallwitz-Wegner, 2004, S. 165 f.

einem Ankläger in eine Falle gesetzt wird. Durch die Öffentlichkeit wird dieser dann quasi zu Fall gebracht. Heute findet sich dieses Wort in leichter Abwandlung im Zusammenhang mit inhaltlich moralischen Verwerfungen in verschiedenen Sprachen wieder.[97]

Im Prinzip handelt es sich bei einem Skandal um einen Missstand innerhalb der Gesellschaft, der die Grenzen moralischer Wertvorvorstellungen überschreitet. Wichtig ist hier, dass nicht zwingend eine juristische Grenzüberschreitung vorliegt, sondern der Skandal sich durch den Bruch einer moralischen Norm auszeichnet.[98] Nach Kepplinger zeichnet sich ein Skandal durch drei grundlegende Faktoren aus. Der Missstand ist nach Ansicht des zu Urteilenden bedeutsam, er wäre vermeidbar gewesen und zieht durch eigenes schuldhaftes Verhalten eine öffentliche Empörung nach sich.[99] Dabei kann ein Missstand zwar ein hinreichendes Kriterium für einen Skandal darstellen, muss nicht zwangsläufig ein notwendiges sein. Erst die Sichtweise desjenigen, der einen Missstand aufgreift und die Enthüllung dessen vollzieht, lässt ihn zu einem Skandal werden.[100]

Skandale bzw. die Veröffentlichung von Missständen betreffen häufig, aber nicht ausschließlich, Personen. Hier wird dementsprechend auch von Miss- oder Fehlverhalten einer Person gesprochen. Die Zahl der veröffentlichten Missstände, die in erster Linie keiner Person, sondern z.B. einem Unternehmen zugeschrieben werden, häuft sich zwar, jedoch fällt dieser Missstand meist schnell auf den jeweiligen Eigentümer oder Verantwortlichen des Unternehmens zurück.[101] Tabelle 4 zeigt einige Beispiele bekannter Skandale aus verschiedenen Bereichen.

Tabelle 4: Skandalbeispiele aus verschiedenen Bereichen

Bereich	Wer	Was	Wann
Sport	Jan Ullrich	Doping	2006
Politik	Helmut Kohl	Spendenaffäre	1999
Lebensmittelbereich	Diverse Unternehmen	Gammelfleisch	2006
Filmindustrie	Mel Gibson	Alkohol am Steuer	2005

Quelle: eigene Darstellung.

---

[97] Vgl. Etymologisches Wörterbuch Online, http://www.etymonline.com/index.php?Search=skandalon&searchmode=none, 04.12.2010; Vgl. Online-Wörterbuch Griechisch – Deutsch, http://de.pons.eu/griechisch-deutsch, 04.12.2010; Vgl. Burkhardt, 2006, S. 70 ff.; Vgl. Neckel, 1989, S. 56 f.
[98] Vgl. Neckel, 1989, S. 59 ff.; Vgl. Hondrich, 2002, S. 9 ff. und S. 24.
[99] Vgl. Kepplinger / Ehmig, 2004, S. 363 f.
[100] Vgl. Kepplinger, 2009, S.189 f.; Vgl. Hondrich, 2002, S. 14 ff.
[101] Vgl. Heinrich / Lobigs, 2004, S. 219.

Darüber hinaus unterliegt ein Skandal auch regionalen und zeitlichen Begrenzungen. Was in Amerika als Skandal angesehen wird, muss z.B. in Deutschland nicht als bedeutend bzw. skandalös angesehen werden. Zudem wird teilweise das, was vor 20 Jahren anstößig wirkte, heute nicht mehr als empörend oder entrüstend angesehen. Somit ist auch ein Skandal von seiner inhaltlichen Tragweite her einem Wertewandel unterzogen. Trotz des Wertewandels liegt der Fokus der Skandale auf moralische Verwerfungen, welche sich in verschiedenen Dimensionen wie z.B. im Berufsleben, Institutionen wie der Ehe oder auch in monetären Aspekten wiederspiegelten.[102]

3.2. Skandale und Medien

Skandale bzw. die Missstände die zu Skandalen werden, werden erst durch die Massenmedien der Öffentlichkeit zugänglich und bekannt gemacht.[103] Massenmedien definieren sich durch die Möglichkeit, mittels technischer Formen der Kommunikation gewisse Botschaften einer großen Anzahl an Rezipienten zukommen zu lassen.[104] Zudem haben Massenmedien nach theoretischem Verständnis mehrere Funktionen inne. Kernfunktion ist die Informationsfunktion, die dazu dient, die Öffentlichkeit allgemein über wirtschaftliche, politische und soziale Begebenheiten zu informieren und das Wissen über bestimmte Sachverhalte zu erweitern. Hinzu kommen noch soziale, politische und ökonomische Funktionen, auf die in dieser Arbeit aber nicht näher eingegangen wird.[105] Massenmedien werden oft, aber nicht zwangsläufig, aufgrund ihrer großen Reichweite und dem damit verbundenen Einfluss auf die Meinungsbildung der Öffentlichkeit mit dem Begriff der vierten Gewalt in Verbindung gebracht.[106] Dabei üben die Medien und ihre Journalisten durch ihre verschiedenen Recherchen in erste Linie aber eine Kontrollfunktion aus.[107] Ausgangspunkt vieler Recherchen sind häufig Annahmen über Missstände, die sich je nach Verlauf als wahr oder falsch erweisen und zu einem Skandal werden können. Journalisten wählen und selektieren bewusst verschiedene Themen und Meldungen und sind somit Entscheidungsträger und zugleich Mediatoren,

---

[102] Vgl. Hondrich, 2002, S. 12 ff.
[103] Vgl. Burkhardt, 2006, S. 115 ff.; Vgl. Faulstich, 2004b, S. 16 ff.
[104] Vgl. Fischer / Wiswede, 2002, S. 317 ff.; Vgl. Hickethier, 2003, S. 24 f.
[105] Vgl. Burkart, 2002, S. 378 ff.; Vgl. Pürer, 2002, S. 280 ff.
[106] Vgl. Pürer, 2002, S. 277 ff.; Vgl. Faulstich, 2004b, S. 17.
[107] Vgl. Pürer, 2002, S. 278.

ob ein Skandal in die Medien gebracht und damit der Öffentlichkeit zugänglich gemacht wird.[108]

Im Verlauf der historischen Entwicklung haben sich diese Verbreitungsmöglichkeiten von Informationen stetig erweitert. War anfangs nur die Druckpresse als Kommunikationskanal gegeben, so gibt es heute mit der Entwicklung des Radios, des Fernsehers und des wachsenden Internets eine nahezu endlose Zahl an Möglichkeiten für die Verbreitung von Missständen.[109]

Teilweise werden zudem Skandale inszeniert, um die Auflage von Zeitschriften oder die Anzahl der Besucher ihrer Homepage zu steigern. Die Konsequenzen dieser Art von Journalismus sind für die Zeitung, abgesehen von den ökonomischen Effekten, eher belanglos, für den Skandalierten hat aber schon eine negative Nachricht Rufschädigende Wirkungen. Gerade der Bereich der Boulevardzeitungen, oder der Yellow Press wie es im englischen heißt, wird von einer Art Sensationsjournalismus vorangetrieben. Neben serösen Tageszeitungen, die in der Regel nur Missstände von großen Unternehmen oder Personen in gehobene Positionen in die Berichterstattung mit aufnehmen, gibt es auch Zeitungen, Zeitschriften und seit der Privatisierung des Rundfunks auch zunehmend Fernsehmagazine, deren Fokus auf Personen und deren Privatsphäre liegt.[110]

3.3. Arten und Funktionen eines Skandals

Unabhängig von der Tragweite bzw. des Verlaufs eines veröffentlichen Fehltritts, können drei verschiedene Funktionen und zwei Arten eines Skandals differenziert werden, welche in Tabelle 5 zusammengefasst sind.

Tabelle 5: Übersicht über Arten und Funktionen von Skandalen

Skandalarten	nicht-medial (politisch)	medial	
	Geringe Präsenz der Öffentlichkeit und i.d.R. geringe Folgewirkungen für den Skandalisierten	Erhöhte Präsenz durch Medien und dadurch i.d.R. auch erhöhte Nachhaltigkeit des Skandals und der Wirkungen	
Funktionen	persönlich	ökonomisch	funktionalistische Theorie
	Strategische Ziele im Vordergrund		Skandal als Reinigungsprozess

Quelle: eigene Darstellung.

---

[108] Vgl. Burkhardt, 2006, S. 107; Vgl. Hondrich, 2002, S. 43 ff.; Vgl. Thompson, 2000, S. 31 ff.
[109] Vgl. Hartmann, 2008, S. 64 ff.
[110] Vgl. Burkhardt, 2006, S. 102 ff. und S. 122; Vgl. Hömberg, 2002, S. 292 ff.

Die Medien sehen einen Skandal gewissermaßen als ökonomischen Erfolgsfaktor. Gelingt es einer Zeitung einen schwerwiegenden moralischen Missstand eines Unternehmens oder einer Person des öffentlichen Lebens aufzudecken und in ihrer Zeitung zu publizieren, kann davon ausgegangen werden, dass sich die Auflage der Ausgaben erhöht.[111]

Des Weiteren kann ein Skandal auch auf einer persönlichen Ebene eine Funktion einnehmen. Aufgrund niederer Beweggründe werden Skandale über eine Person gezielt gestreut, sodass z.B. der politische Gegner dessen Position übernehmen oder seine eigene Position stärken kann.[112] Zudem ist in Journalistenkreisen derjenige hoch angesehen, der einen großen Skandal aufdeckt und somit sein Ansehen innerhalb seiner Branche stärken kann.[113] Diese beiden Funktionen können im weiteren Sinne auch allgemein als strategische Handlungsziele von Skandalierern[114] zusammengefasst werden.[115] Kepplinger hat darüber hinaus eine funktionalistische Skandaltheorie formuliert, wonach die öffentliche Bekanntmachung von Missständen in Form eines Skandals einen Wert hat.[116] Die Medien als vierte Gewalt erfüllen hierbei Aufgaben staatlicher Institutionen und führen mittels Aufklärung einen Reinigungsprozess innerhalb der Gesellschaft herbei. Skandale werden als eine Art Werkzeug angesehen, die aufzeigen was passiert, wenn sich nicht an Regeln gehalten wird.[117] Aufgrund eigener empirischer Untersuchungen modifizierte Kepplinger seine Theorie und zieht als Folge eine moderate Variante seiner Theorie in Betracht, wonach nicht jeder Skandal aufgedeckt werden soll und es immer noch eine Art Grauzone gibt.[118] Es wird aber auch die Ansicht vertreten, dass sich Skandale verselbstständigen können und nicht mehr klar ist wem der Skandal noch nützt oder wem er schädlich ist.[119]

Zudem können zwei Skandalarten voneinander differenziert werden. Im engeren Sinn charakterisiert sich ein Skandal durch eine Erregung öffentlichen

---

[111] Vgl. Heinrich / Lobigs, 2004, S. 214 f.
[112] Vgl. Hondrich, 2002, S. 17 f.
[113] Vgl. Burkhardt, 2006, S. 122; Vgl. Kepplinger / Ehmig, 2004, S. 364.
[114] Skandalierer sind Akteure, die einen Skandal veröffentlichen. Siehe auch Kapitel 3.4.1.
[115] Vgl. Piwinger / Niehüser, 1991, S. 18 f.
[116] Vgl. Kepplinger / Ehmig, 2004, S. 365 f.; Vgl. Hondrich, 2002, S. 14.
[117] Vgl. Bergmann / Pörksen, 2009, S. 31 f.
[118] Vgl. Kepplinger / Ehmig, 2004, S. 373 f.; Vgl. Hondrich, 2002, S. 20 f.
[119] Vgl. Bergmann / Pörksen, 2009, S. 31.

Ärgernisses, wenn allgemeingültige Werte und Normen verletzt werden.[120] Ist diese Verfehlung von Personen oder Institutionen nur einer bestimmten Personen- oder Bevölkerungsgruppe (z.B. innerhalb eines Vereins oder einer Stadt) bekannt, so laufen die im nächsten Kapitel noch ausführlicher dargestellten Mechanismen des Skandals auch nur innerhalb dieser limitierten Gruppen in Form von face-to-face–Kommunikation oder dem internen Schriftverkehrs ab und es wird von einem nicht-medialen Skandal gesprochen.[121]

Wird dieser Skandal durch die Medien und Journalisten, die als Mediatoren wirken, einer großen Öffentlichkeit uneingeschränkt zugänglich gemacht, so wird von einem Medienskandal gesprochen.[122] Durch diese große mediale Wirkung, die heute nicht mehr nur über die klassischen Medienkanäle (Radio, Fernsehen, Printmedien), sondern auch in großer Zahl durch das Internet und sozialen Netzwerken erreicht werden kann, sind Skandale für den Rezipienten länger und stärker sichtbar, sodass sich die Folgen für den Skandalierten im Vergleich zu einem nicht-medialen Skandal in der Regel erhöhen.[123]

Oft wird auch von einem politischen Skandal gesprochen, der sich im engeren Sinn mit Fehltritten von Inhabern politischer Ämter befasst, jedoch weist Neckel darauf hin, dass „Skandale (…) kontextgebundene Ereignisse" sind.[124]

3.4. Mechanismen eines Skandals

3.4.1. Akteure eines Skandals

Der Prozess einer Skandalisierung weist im Grunde genommen immer drei unterschiedliche beteiligte Akteure auf, die dementsprechend zusammengefasst als Triade bezeichnet werden: die Skandalproduzenten, die Skandalobjekte und die Rezipienten des Skandals.[125] Dieser Zusammenhang wird grafisch in Abbildung 1 verdeutlicht.

---

[120] Vgl. Neckel 1989, S. 56 f.; Vgl. Hondrich, 2002, S. 14.
[121] Vgl. Burkhardt, 2006, S. 147 ff.
[122] Vgl. Burkhardt, 2006, S. 157.
[123] Vgl. Burkhardt, 2006, S. 152 ff.; Für einen ausführlichen Vergleich eines nicht-medialisierten Skandals und eines Medienskandals vgl. Burkhardt, 2006, S. 156 ff.
[124] Neckel, 1989, S. 56.
[125] Vgl. Hondrich, 2002, S. 16; Vgl. Burkhardt, 2006, S. 139 ff.; Vgl. Piwinger / Niehüser, 1991, S. 12; Vgl. Neckel, 1989, S. 58.

Abbildung 1: Skandal-Triade

```
                    ┌──────────────┐
                 ↗  │  Rezipient   │  ↖
                    └──────────────┘
                      ╱ Skandal ╲
┌──────────────────┐              ┌──────────────┐
│ Skandalproduzent │  ←────────→  │ Skandalobjekt│
└──────────────────┘              └──────────────┘
```

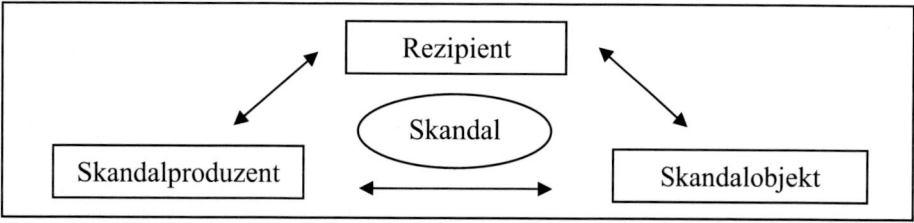

Quelle: eigene Darstellung.

Die Skandalproduzenten, auch Skandalierer genannt, sind diejenigen Akteure, die einen Missstand erst veröffentlichen und diesen so zu einem Skandal werden lassen. Journalisten nehmen diese Aufgabe sehr oft aus Eigennutz wahr und halten Zustände oder Tatbestände innerhalb einer differenzierten Problemsicht eher für Missstände.[126]

Skandalobjekte sind sozusagen die Protagonisten innerhalb eines Skandals. Abweichend davon, dass im Prinzip jedes Mitglied einer Gesellschaft als Skandalobjekt fungieren kann, werden Subjekte von den Skandalierern besonders bevorzugt, die in hohen Rangpositionen stehen und über eine gewisse Bekanntheit und Reputation verfügen.[127]

Die dritte Gruppe der Akteure sind die Skandalrezipienten, welche auch als Öffentlichkeit dargestellt wird. Bei der Öffentlichkeit kann zudem noch in eine lokale und eine breite Öffentlichkeit unterschieden werden, die jeweils mehr lokalen oder demgegenüber allgemeinen Themen zugeneigt ist.[128] Generell zeichnet sich diese Gruppe aber durch ihre eher passive Beteiligung am Prozess des Skandals aus. Aufgrund von Neugier und ein Gefühl der Ungerechtigkeit nehmen die Rezipienten die ihnen öffentlich gemachten Skandale auf, bilden sich mittels interaktiver Kommunikation ihre eigene Meinung und können im Extremfall den öffentlichen Druck auf die Protagonisten noch erhöhen.[129] Der Skandal wiegt dabei in den Köpfen der Rezipienten umso stärker, je größer das vorherige Vertrauen in den Skandalierten war. Da Skandalobjekte häufig gewisse Werte und Normen verkörpern, wirkt der Normbruch in den Köpfen der Rezipienten besonders schwer.[130]

---

[126] Vgl. Burkhardt, 2006, S. 139 f.; Vgl. Kepplinger, 2009, S. 183 ff.
[127] Vgl. Burkhardt, 2006, S. 143 f.; Vgl. Neckel, 1989, S. 56 ff.
[128] Vgl. Burkhardt, 2006, S. 119 ff. und S. 141 ff. und S. 147 ff.
[129] Vgl. Neckel, 1989, S. 66 ff.
[130] Vgl. Hondrich, 2002, S. 11 ff.; Vgl. Neckel, 1989, S. 62 ff.

3.4.2. Phasen eines Skandals

Während Hondrich einen Skandalprozess in vier Grundlegende Schritte unterteilt, sind es bei Burkhardt, welches grundlegende Ähnlichkeiten zum Modell von Piwinger und Niehüser aufweist, fünf Phasen, die an einen Lebenszyklus orientiert sind.[131]

Tabelle 6: Schritte und Phasen eines Skandals

Schritte nach Hondrich	Phasen nach Burkhardt
1. Vorliegen einer moralischen Verfehlung	1. Latenzphase
2. Enthüllung der Verfehlung	2. Aufschwungphase
3. Entrüstung und Empörung	3. Etablierungsphase und Klimax
4. Läuterung	4. Abschwungphase
	5. Rehabilitationsphase

Quelle: eigene Darstellung.

Wie in Tabelle 6 verdeutlicht, liegt in der ersten Phase eines jeden Modells generell zunächst ein Missstand vor und die Akteure des Skandals werden eingeführt. Die Latenzphase endet mit einem Schlüsselereignis, was der Enthüllung des Skandals bei Hondrich in der zweiten Phase entspricht. Der Skandal und seine Geschichte werden hier der Öffentlichkeit verständlich zugänglich gemacht und in einen Kontext eingebracht. Die dritte Phase spiegelt nun den Höhepunkt im Skandalverlauf wieder. Hier diskutiert die Öffentlichkeit kontrovers den aufgezeigten Skandal und Forderungen nach ersten Konsequenzen und Entscheidungen bezüglich des Skandalisierten werden formuliert. Diese Konsequenzen jeglicher Art, seien es Entschuldigungen oder Rücktritte der Verantwortlichen, vollziehen sich in der vierten Phase. Burkhardt siedelt den Höhepunkt eines Skandalverlaufs zudem kurz vor Einsetzen der Abschwungphase an. Generell ist der Skandal mit Abschluss der vierten Phase beendet, jedoch stellt die Rehabilitationsphase bei Burkhardt die im Anschluss folgende Normalisierung der Situation explizit heraus.[132]

3.4.3. Narrative Struktur eines Skandals

Die im vorherigen Abschnitt skizzierten Skandalverlaufsphasen ähneln den Phasen eines antiken Theaterstücks, wo Akteure bestimmte Rollen einnehmen.[133] Ein Skandal besitzt durchaus eine narrative Struktur, da mit negativen

---

[131] Vgl. Hondrich, 2002, S. 15 f.; Vgl. Burkhardt, 2006, S. 178 ff.; Vgl. Piwinger / Niehüser, 1991, S. 19 ff.
[132] Vgl. Burkhardt, 2006, S. 184 ff.
[133] Vgl. Burkhardt, 2006, S. 181 und S. 206 und S. 145.

Begebenheiten oft eine Geschichte erzählt werden soll.[134] Der Skandalisierer ist in einer bestimmten Art und Weise somit auch ein Geschichtenerzähler, der seine Zuhörer fesseln will. Im Sinne der ökonomischen Funktion eines Skandals für den Journalisten ist dies nur logisch. Häufig greifen die Journalisten dabei auf verschiedene Mittel der klassischen Rhetorik zurück. Sie verwenden eine bildhafte und symbolische Sprache, die oft aus einer Vielzahl von geschickt platzierten emotionalen Superlativen besteht.[135]

Grundlegende Mechanismen und Modelle zur Aktivierung und Sensibilisierung der Rezipienten für besondere Themen sind u.a. das Stimulus-Response-Modell, das Priming bestimmter Fakten sowie das Konzept des Agenda-Setting.[136] Innerhalb der Erzählweise der einzelnen Episoden können zudem die Implementierung von Moral sowie die Reduktion der Geschehnisse in Gut und Böse stilistische Mittel sein.[137]

Burkhardt unterteilt den Verlauf bzw. die Handlung eines Skandals in drei unterschiedliche Episoden, die thematisch voneinander abgegrenzt eine in sich geschlossene Geschichte erzählen, aber erst zusammen ein Skandal-Gesamtbild darstellen. In der beruflichen Episode geht es um Hintergründe und Auswirkungen des Fehlverhaltens des Skandalierten bezogen auf seine geschäftlichen Aktivitäten. Die private Episode beschäftigt sich mit den persönlichen und familiären Begebenheiten im Zuge des Skandals. Abschließend beschreibt die metaphysische Episode Folgen für das Umfeld des Skandalierten.[138]

3.4.4. Folgen eines Skandals

Die Folgen eines Skandals können einerseits natürlich auf der Ebene des Skandalobjekts, auf der Ebene des Skandalproduzenten und auch auf einer inhaltlichen Ebene diskutiert werden.

Ein Missstand, welcher öffentlich gemacht und diskutiert wird, hat nahezu immer negative Folgen für den Ruf desjenigen, dem diese negative Nachrichten zugeschrieben werden. Die Reputation und der Ruf der Person oder aber des geschädigten Unternehmens sowie das Vertrauen gehen verloren. Innerhalb

---

[134] Vgl. Bergmann / Pörksen, 2009, S. 22.
[135] Vgl. Schraewer 2003, S. 49 ff.; Vgl. Burkhardt, 2006, S. 133 ff.
[136] Vgl. Fischer / Wiswede, 2002, S. 339 f.; Vgl. Felser, 2007, S. 12 ff. und S. 204 f.
[137] Vgl. Burkhardt, 2006, S. 229 ff und S. 234 ff.; Vgl. Käsler, 1989, S. 325 ff.
[138] Vgl. Burkhardt, 2006, S. 210 ff.

der Bevölkerung führt dies zu Verunsicherung und kann auch offene Abneigung erzeugen.[139] Oft werden deswegen Rücktritte der Verantwortlichen von dessen Positionen bzw. Ämtern oder auch andere symbolische Maßnahmen verlangt, um die Öffentlichkeit wieder zu beruhigen.[140] Auf der persönlichen individuellen Ebene führt dies in erster Linie zu Einkommensverlusten und es wird zumindest kurzfristig für die betreffende Person schwieriger wieder eine derartige Stellung zu erreichen.

Wie schon in Kapitel 3.3. beschrieben, kann ein aufgedeckter Skandal für den Skandalierer positive Folgen in Form von Wertschätzung oder auch monetären Leistungen nach sich ziehen. Zudem werden nach der funktionalistischen Skandaltheorie Fehler in Zeitraffer korrigiert, was auch als positive Folge eines Skandals beschrieben werden kann.[141] Zudem sind Skandalprozesse laut Burkhardt auch Deutungsprozesse, die sich zu Reformprozessen entwickeln können, sodass auch moralische Wertvorstellungen aktualisiert werden.[142] Es bleibt aber die Frage offen, welche Auswirkungen selbst inszenierte Skandale oder öffentliche negative Nachrichten für die betreffende Person haben. Zudem sei angemerkt, dass auch anfängliche Gerüchte um negative Sachverhalte bezüglich einer Person oder eines Unternehmen, obwohl sich diese mit der Zeit auch als falsch herausstellen können, in der Regel Reputationsschädigungen bzw. Abwertungen des eigenen Images nach sich ziehen. Verloren gegangenes Vertrauen ist nur schwer und langsam wieder aufzubauen und es ist ein sehr gutes Reputations- und Kommunikationsmanagement erforderlich um Schaden von seiner Person abwenden zu können.[143]

Der Frage nach den möglichen ökonomischen Konsequenzen persönlicher Skandale und negativer Nachrichten wird in Kapitel 4. und 5. ausführlich anhand der empirischen Analyse nachgegangen.

3.5. Rechtliche Aspekte und mögliche Gegenmaßnahmen

Grundsätzlich bestehen diverse rechtliche Möglichkeiten, um sich gegen Skandalmeldungen verteidigen zu können. Als erste Maßnahmen sind Gegen-

---

[139] Vgl. Schneider, 2004, S. 65 f.
[140] Vgl. Hondrich, 2002, S. 16 ff.
[141] Vgl. Hondrich, 2002, S. 28 ff und S. 68 f.
[142] Vgl. Burkhardt, 2006, S. 366 ff.
[143] Vgl. Larkin, 2003, S. 37 ff.

darstellungen, Unterlassungsansprüche sowie Berichtigungen oder Widerrufe zu nennen. Dies sind alles Formen des rein presserechtlichen Kontextes. Als weitere Maßnahmen stehen der skandalierten Person noch Gesetze zum Persönlichkeitsschutz zur Verfügung, die in Form einer Klage wegen Beleidigung, übler Nachrede oder aber Verleumdung anzubringen sind.[144]

Im Skandalverlaufsmodell nach Piwinger und Niehüser nimmt die Verteidigung einen eigenen Punkt ein. Sie differenzieren sechs Möglichkeiten der Reaktion. Eine Reaktion kann komplett vermieden werden oder aber es wird eine Hinhalte- oder Ablenkungstaktik gewählt. Neben der Verteidigung der Unschuld zeigen sie auch noch die Möglichkeit des Abstreitens der Verantwortlichkeit auf. Die dritte Ebene befasst sich einerseits mit einer Rechtfertigung für die Tat und andererseits mit einer abschließenden Entschuldigung.[145]

Da aber jegliche Gegenmaßnahme oft jedoch zu einer erhöhten Aufmerksamkeit innerhalb der Medienberichterstattung führt, sollte die Vorgehensweise einer Krisen- bzw. Reputationsstrategie vorher sehr gut geplant und organisatorisch einwandfrei durchgeführt werden, da ansonsten unter Umständen noch mehr Schaden angerichtet als berichtigt werden kann.

3.6. Medienethik und Moral

Aufgrund der Definition eines Skandals, dass dieser nur zu einem Skandal wird, wenn der zugrundeliegende Missstand öffentlich gemacht wird und aufgrund der ökonomischen Funktion der Skandale für Journalisten und dahinterstehende Verlage, drängen sich Fragen zwei Fragen auf: Was bedeutet eigentlich Moral bzw. was führt zur Empörung einer Gesellschaft und wie weit dürfen Journalisten auf moralischer Ebene bei ihrer Berichterstattung gehen.

Grundsätzlich beschreibt die Ethik allgemeingültige Aussagen über gutes Handeln oder auch festgesetzte und akzeptiertes Regelsysteme einer Gesellschaft oder Gruppe. Die Moral hingegen beschreibt Handlungsregeln und Einstellungen, welche in einer Gruppe sittlich relevant sind.[146] Nach Faulstich

---

[144] Vgl. Deutscher Bundestag, http://www.bundestag.de/dokumente/rechtsgrundlagen/grundgesetz/gg_01.html, Art. 1 Abs. 1 GG und Art. 2 Abs. 1, 04.12.2010; Vgl. Bürgerliches Gesetzbuch Online, http://dejure.org/gesetze/BGB, § 823 Abs. 1 BGB und § 1004 BGB, 04.12.2010.
[145] Vgl. Piwinger / Niehüser, 1991, S. 23 ff.
[146] Vgl. Fremdwörterlexikon Online, http://services.langenscheidt.de/fremdwb/fremdwb.html, 04.12.2010; Unterschieden wird zudem in eine normative, deskriptive und Metaethik, auf die hier aber nicht weiter eingegangen wird; Vgl. Wunden, 2003, S. 57.

ist die „Ethik (...) die Theorie, Moral die Anwendung oder Praxis."[147] Daraus schlussfolgernd ist etwas Anstößiges oder empörendes ein Verstoß gegen allgemeingültige humane Normen und Wertvorstellungen, was Hondrich auch als „Unmoral"[148] bezeichnet.[149]

Auf der Ebene des Journalismus gelten zwar die Gesetze zur Pressefreiheit und Meinungsfreiheit, jedoch sollten moralische Standards nach obiger Darstellung auch für Journalisten gelten.[150] Der deutsche Presserat hat in seinem Kodex in mehreren Punkten moralische Prinzipien und Verhaltensweisen für Journalisten festgelegt.[151] Dies kann jedoch nur als eine freiwillige Selbstkontrolle verstanden werden, sodass diese Punkte keine verbindlichen Regeln darstellen und jeder Journalist sich somit selbst hinterfragen kann, ob er diesen Verhaltensregeln folgt oder aber aufgrund höherer Auflagen und Quoten doch moralische Grenzen überschreitet.[152]

3.7. Der Mensch als Marke und Skandale

Werden die Theorien über Skandale mit den Ausführungen zu der Marke als Mensch verknüpft, so könnte gefolgert werden, dass aufgrund der medialen Grundbedingungen, die einen Menschen erst zu einer Marke machen können, Human Brands besonders der Gefahr der Skandalisierung ausgesetzt sind. Diese Human Brands bewegen sich ständig im Umfeld der medialen Öffentlichkeit und sind im sozialtheoretischen Aspekt Vorbilder bestimmter Gruppen und Fans. Ob Missstände und Fehltritte, die zu einem Skandal medialisiert werden aber etwaige Konsequenzen mit sich bringt, wird nun im folgenden Kapitel für die Filmbranche untersucht. Der Begriff Skandal, wie er in der folgenden Analyse Anwendung findet, bezeichnet Missstände einer Person, die innerhalb der medialen Berichterstattung zu einem Ereignis und somit interessant für die Konsumenten wird. Innerhalb der Phasenmodelle nach Hondrich und Burkhardt, welche in Kapitel 3.4.2. thematisiert wurden, werden auch nur

---

[147] Faulstich, 2004a, S. 81.
[148] Hondrich, 2002, S. 19.
[149] Vgl. Holderegger, 1999, S. 12 ff.
[150] Vgl. Deutscher Bundestag, http://www.bundestag.de/dokumente/rechtsgrundlagen/ grundgesetz/gg_01.html, 04.12.2010; Art. 5 GG.
[151] Vgl. Kodex des deutschen Presserates, http://www.presserat.info/inhalt/derpressekodex/pressekodex.html, 04.12.2010.
[152] Vgl. Wunden, 2003, S. 61 ff.; Vgl. Faulstich, 2004a, S. 82 f.

Nachrichten und Meldungen mit einbezogen, die einer der drei ersten Phasen zugeordnet werden können.

4. Empirische Analyse zum Einfluss negativer Berichterstattung auf den Erfolg von Spielfilmen

4.1. Untersuchungsdesign & Methodik

Die grundlegende Fragestellung lautete, ob negative Berichterstattung über Schauspieler ökonomische Auswirkungen auf Filme nach sich zieht, in denen diese Schauspieler mitgewirkt haben. Zudem sollten daraus Rückschlüsse auf eine etwaige Veränderung des Markenwertes der Schauspieler gezogen werden. Auf konkrete Hypothesen bezüglich der möglichen Wirkungen negativer Nachrichten wurde aufgrund der unterschiedlichen Ergebnisse zum Thema Starforschung, wie sie in Kapitel 2.3.3. und 2.3.4. dargestellt wurden, verzichtet.

4.1.1. Datenerhebung

Als Untersuchungszeitraum wurde eine Spanne von genau zwei Jahren gewählt. Alle Kinofilme, welche im Betrachtungszeitraum vom 01.07.2002 bis zum 31.06.2004 erstmalig in Deutschland angelaufen sind, wurden berücksichtigt. Dieser relativ weit in der Vergangenheit liegende Zeitraum wurde in Absprache mit dem betreuenden Lehrstuhl gewählt und hat den Vorteil, dass für die untersuchten Spielfilme alle relevanten Daten endgültig vorliegen.

Angaben über das Startdatum, die Besucherzahlen in Deutschland, die Einspielergebnisse in Deutschland und den USA, die Anzahl der Kopien in Deutschland und den USA sowie das jeweilige Produktionsland wurden der Datenbank www.mediabiz.de entnommen. Bestanden Unklarheiten über die Angaben wurden ergänzend noch die Daten der Internetpräsenzen www.imdb.de bzw. www.imdb.com herangezogen.[153]

Als für die Analyse relevante Schauspieler wurden einerseits alle Schauspieler eines Films, welche auf dem jeweiligen Kinoplakat mit Namen publiziert sind

---

[153] www.mediabiz.de ist das Online-Portal des G&J Entertainment Media Verlags; IMDb steht für Internet Movie Database.

und andererseits diejenigen, die von den vorher genannten Datenbanken als Hauptdarsteller aufgelistet werden, betrachtet.[154]

Für die ermittelten Darsteller wurden zu einem Zeitraum von genau 18 Monaten vor dem jeweiligen Startdatum des Films, in welchem dieser Schauspieler mitwirkt, die Newsportale und Datenbanken www.mediabiz.com und www.google.com nach negativen Nachrichten über jenen Schauspieler durchsucht. Bezugnehmend auf die Definition eines Skandals in Kapitel 3.1. war es sinnvoll nach Missständen zu suchen, die erst durch die Medienberichterstattung zu einem Skandal geworden sind. Um sicher zu stellen, dass nicht nur eine spezielle Leserschaft oder Personengruppe diese Nachrichten über einen Darsteller gelesen hat, wurden bewusst die Archive der Boulevardpresse ausgeschlossen und nur Quellen verwendet, die eine größtmögliche Reichweite gewährleisten.[155] Anschließend wurden die gefundenen Treffer[156] systematisch in Perioden und Kategorien eingeordnet, sodass in einer Gesamtübersicht der jeweilige Treffer eindeutig einem Schauspieler[157] bzw. Film[158] zugeordnet werden kann.

Alle Daten wurden vorab mittels des Programms Microsoft Excel 2007 gesammelt und aufbereitet. Anschließend wurden diese Datenmasken für die eigentliche Analyse in das Programm PASW Statistics Version 18.0.0[159] eingelesen, weiter bearbeitet und ausgewertet.

4.1.2. Sample und Set

Das Brutto-Sample auf Basis der Filme beträgt 684 Filme. Dokumentationen, Kurzfilme und Kurzfilmsammlungen sowie Animationen und Trickfilme wurden aufgrund von fehlender menschlicher professioneller Darsteller als nicht relevant für die Arbeit angesehen und aussortiert. Darüber hinaus wurde in einem zweiten Schritt die Anzahl der Filme basierend auf der Variable

---

[154] Theorien der Werbe- und Konsumentenpsychologie, wie in Kapitel 3.4.3. kommen hier wieder zur Anwendung; Vgl. Clement, 2004, S. 259 f.; Vgl. Faulstich, 2004a, S. 75; Vgl. Fischer / Wiswede, 2002, S. 339 f.; Vgl. Felser, 2007, S. 12 ff. und S. 204 f.
[155] Vgl. Schneider, 2004, S. 20; Vgl. Burkhardt, 2006, S. 117.
[156] Treffer und Hit werden synonym verwendet.
[157] Schauspieler mit einem relevanten Treffer werden als Skandalträger bezeichnet.
[158] Filme mit einem Skandalträger werden als Skandalfilme bezeichnet.
[159] Die Software PASW Statistics ist der Nachfolger von SPSS. Als Grundlagenbuch für PASW-Techniken wird Brosius, 2008, verwendet. Zwar behandelt das Buch Verfahrensweisen von SPSS 16, jedoch unterscheiden sich die in dieser Arbeit angewendeten Modelle in PASW nicht von SPSS.

Anzahl der maximalen Kopien nochmals verringert. Einerseits wurde in Betracht gezogen, dass eine zu geringe Anzahl der Kopien die endgültigen Ergebnisse verfälschen könnte. Andererseits sollte aber dennoch eine ausreichend große Datenmenge für die Berechnungen vorhanden sein. Um beiden Punkten angemessen Rechnung tragen zu können, wurden alle Filme aussortiert, deren Anzahl an Kopien unter 20 liegt. Zusätzlich wurden die Filme „Herr der Ringe – Die Zwei Türme" und „Herr der Ringe – Die Rückkehr des Königs" aufgrund ihrer enorm hohen Einspielergebnisse, welche mehr als ungewöhnlich - selbst für einen sogenannten Blockbuster - sind, nicht mit in die endgültigen Berechnungen einbezogen.[160] Das endgültige Sample, welches als Basis der Berechnungen dient, besteht nach Abzug aller oben genannten Fallzahlen aus 411 Filmen, was in Tabelle 7 nochmal verdeutlicht wird.

Tabelle 7: Übersicht Sample der Analyse (N Filme)

	Anzahl Filme
Brutto-Sample	684
Netto-Sample (ohne Dokumentationen; Animationen und Kurzfilme)	548
Aussortierte Ausreißer	137
- Herr der Ringe	2
- Kopien <20	135
Bereinigtes Sample	411

Quelle: eigene Darstellung.

Die Größe des Brutto-Sets, welches alle Darsteller[161] aller Filme des Untersuchungszeitraums beinhaltet, beträgt 1538. In einen ersten Schritt wurde Dopplungen von Namen, die dadurch entstehen, dass einige Schauspieler in mehreren Filmen des Untersuchungszeitraums mitwirken, bereinigt. Zudem wurden auch die Schauspieler aus der Liste entfernt, die ausschließlich in den oben genannten aussortierten Filmen mitwirken, sodass das Set für diese Untersuchung 1026 Schauspieler umfasst, wie in Tabelle 8 dargestellt.

Grundlegend wird zudem davon ausgegangen, dass diese Schauspieler allein aufgrund ihrer namentlichen Schriftzüge auf den Kinoplakaten schon eine gewisse Art von Star Power ausweisen.[162] Diverse Rankings oder andere Berechnungsmethoden zur Abstufung dieser Star Power wurden aber nicht vorgenommen. Um jedoch den entsprechenden dargestellten Forschungsergeb-

---

[160] Vgl. Inside Kino Online, http://www.insidekino.com/DJahr/DAlltime100.htm, 04.12.2010.
[161] Die Begriffe Darsteller, Actor und Schauspieler werden synonym verwendet.
[162] Vgl. von Halem, 2001, S. 23.

nissen in den Kapiteln 2.3.3. und 2.3.4. nachzukommen, wurden die Filme, die in den USA produziert worden sind bei der späteren Analyse gesondert betrachtet.

Tabelle 8: Übersicht Set der Analyse (n Actor)

	Anzahl Schauspieler
Brutto-Set	1.538
Netto-Set (ohne Dokumentationen, Animationen und Kurzfilme)	1.404
Aussortierte Daten	378
- Herr der Ringe	4
- Kopien <20	374
Bereinigtes Set	1.026

Quelle: eigene Darstellung.

Die Brutto-Zahlen für das Set und Sample spiegeln aber nicht die tatsächlich betrachteten Fallzahlen der Analyse wieder. Während im Set der Untersuchung eine Dopplung der Darsteller an sich ausgeschlossen wurde, wird dieser Faktor aber anhand der Fallzahlen mit einbezogen. Da ein Schauspieler in mehreren Filmen und umgekehrt in einem Film auch mehrere Schauspieler mitwirken können, wurden für die Analyse, wie in Tabelle 9 zu sehen ist, insgesamt 1385 Fälle betrachtet. Für jeden dieser Fälle wurde im Folgenden geprüft, ob eine negative Berichterstattung bezogen auf Schauspieler X in Film Y im relevanten Zeitraum vor dem Film vorlag.

Tabelle 9: Übersicht Fallzahlen der Analyse (N * n)

	Anzahl Schauspieler
Brutto-Fallzahl	2073
Netto-Fallzahl (ohne Dokumentationen, Animationen und Kurzfilme)	1828
Aussortierte Daten	443
Bereinigte Fallzahl	1385

Quelle: eigene Darstellung.

4.1.3. Abhängige Variablen

Abhängige Variablen sind die jeweiligen Einspielergebnisse[163] und die Zuschauerzahlen eines Films. Da es für die USA keine Statistiken zu den Besucherzahlen vorliegt, wurde hier nur der Box Office als Variable genommen.

---

[163] Die Begriffe Einspielergebnis und Box Office werden synonym verwendet. Box Office wird zur Vereinfachung auch mit BO abgekürzt.

Bei den Zuschauerzahlen wurden die Werte des EDI[164] verwendet, da diese für nahezu 100 % der Filme im betrachteten Zeitraum verfügbar sind.

Wie schon anhand von Studien in Kapitel 2.3.3. und 2.3.4. gezeigt, ist der Erfolg eines Filmes von mehreren Faktoren abhängig. Um den Erfolg eines Films im Rahmen dieser Arbeit näherungsweise vergleichend darstellen zu können, wurde aus den Variablen Anzahl der Kopien und des Box Offices eine Größe errechnet, die in etwa den Return on Investment[165] des Films in Deutschland beschreiben soll. Je höher dieser Wert liegt, desto wahrscheinlicher ist auch ein finanzieller Erfolg des Films:

$$ROI_F = \frac{\text{Box Office Film } X_i \text{ in Land } Y_j}{\sum \text{maximale Kopien Film } X_i \text{ in Land } Y_j}$$

Bezogen auf jeden Darsteller des Sets wurden als abhängige Variablen die Summe der Einspielergebnisse, die Summe der erreichten Zuschauerzahlen sowie die Summe aller maximalen Kopien berechnet und daraus einen Gesamt-ROI bezogen auf den Schauspieler ermittelt:

$$ROI_{AG} = \frac{\sum \text{Box Office Schauspieler } Z_i \text{ in Film } X_j}{\sum \text{maximaler Kopien Film } X_j}$$

Da die Schauspieler im Erhebungszeitraum aber nicht alle in der gleichen Anzahl von Filmen mitgewirkt haben, wurde anhand der jeweiligen Filmanzahl zudem noch der Durchschnitts-Box Office und ein Durchschnitts-ROI gebildet:

$$BO_{AD} = \frac{\sum \text{Box Office Schauspieler } Z_i \text{ in Film } X_j}{\sum \text{Filme Schauspieler } Z_i \text{ im Erhebungszeitraum}}$$

$$ROI_{AD} = \frac{\sum ROI_{AG} \text{ Schauspieler } Z_i \text{ in Film } X_j}{\sum \text{Filme Schauspieler } Z_i \text{ im Erhebungszeitraum}}$$

Anhand der Kennzahlen BO_{AD} und ROI_{AD} sollen in erster Linie Rückschlüsse auf den Markenwert eines Schauspielers und mögliche Änderungen des Markenwerts als Folge von Skandalen geschlossen werden.[166] Aus diesem Grund wurden, falls für einen Schauspieler Skandale gefunden wurden, nur die Filme mit in die Berechnungen einbezogen, für die ein Skandal zeitlich gesehen

---

[164] Der EDI-Wert der Besucherzahlen beinhaltet die offiziellen Besucherstatistiken der Firma Rentrak Germany GmbH / Rentrak EDI, ehemals Nielsen EDI.
[165] Der Return on Investment bzw. ROI bezeichnet die Rendite eines Unternehmens, wobei der Gewinn bemessen wird am eingesetzten Kapital. Die Einspielergebnisse werden hier als Gewinngröße und die Anzahl der Kopien als eingesetztes Kapital der Filmproduzenten betrachtet.
[166] Beschreibung der Abkürzungen: ROI AG: Actor Gesamt; AD: Actor Durchschnitt; F: Filme.

Relevanz hat. Somit gibt es Fälle, in denen ein Schauspieler in drei Filmen mitgewirkt hat und für zwei Filme gab es eine Skandalrelevanz. Aus den Daten der beiden Filme mit Skandalrelevanz wurden dann die obigen Kennziffern errechnet. Die Daten des dritten Films gingen nicht mit in die Berechnungen ein. Bei skandalfreien Schauspielern gingen alle Filme mit in die Berechnungen ein. Box Office Ergebnisse aus den USA sind in Dollar ($) angegeben. Die übrigen Werte sind in Euro (€) ausgezeichnet.

4.1.4. Kontrollvariablen

Zu jedem Film innerhalb des Untersuchungszeitraums wurden vollständige Daten zu folgenden Kontrollvariablen gesammelt: Anzahl der Filme eines Darstellers im Analysezeitraum, das Geschlecht der Darsteller, die Anzahl der maximalen Kopien, das Produktionsland des Filmes und das Genre. Gab es mehrere Angaben über das Produktionsland, wurde immer das Erstgenannte verwendet. Wie im vorherigen Abschnitt geschildert, wurde vor der Analyse die Variable Genre auf den Faktor Spielfilm reduziert.

Die Anzahl der Kopien schwankt innerhalb des Zeitraums in dem ein Film in den Kinos läuft. Da auch die Laufzeiten der Filme sehr stark variieren und auch saisonalen Effekten ausgesetzt sind, wurde immer die Höchstzahl der Kopien einer Woche genommen. In den meisten Fällen wurde diese maximale Anzahl in der zweiten Woche der Laufzeit erreicht.[167]

Darüber hinaus wurde die Anzahl der Filme eines jeden einzelnen Darstellers innerhalb des Untersuchungszeitraums sowie die Anzahl der Filme mit und ohne Skandale ermittelt.

4.2. Operationalisierung der Daten

4.2.1. Dummy-Variablen, Codierung und Missing Values

Zur Vorbereitung der erhobenen Daten für die Auswertung wurde eine Datenmatrix mit PASW Statistics erstellt. Die erhobenen Variablen wurden gemäß einem zuvor entwickelten Codeplan in diese Matrix eingetragen. Wichtig war in diesem Zusammenhang die Umcodierung nominaler Daten in Dummy-

---

[167] Die Anzahl der Kopien wird grundsätzlich als Kontrollvariable angesehen, jedoch wurde die Anzahl der Kopien im Rahmen der Korrelationsanalysen und Regressionsanalysen in Kapitel 5.3. und 5.6. ausnahmsweise auch als abhängige Variable betrachtet.

Variablen oder 0/1-Variablen, durch die für jedes Merkmal angegeben wird, ob es vorliegt oder nicht. Hierdurch wurde ermöglicht, dass auch nominale Daten als erklärenden Variablen in die Analysen einbezogen werden konnten.[168] Variablen wie Einspielergebnisse oder die Anzahl der Zuschauer sind metrisch skaliert und müssen somit nicht umcodiert werden.

Nicht für alle Filme und Schauspieler konnten auch Werte für entsprechende Variablen gefunden werden. Beispielsweise sind nicht alle Filme gleichzeitig in den USA und in Deutschland angelaufen. Diese Missing Values wurden nicht ersetzt, sondern als systemdefinierte fehlende Werte betrachtet.[169] Die vollständige Codierungsmatrix befindet sich im Anhang A–1.

4.2.2. Kategorien

Nachdem die Suche nach negativen Nachrichten für jeden Schauspieler abgeschlossen war, wurden die einzelnen Treffer in verschiedene inhaltliche Kategorien, welche in Tabelle 10 dargestellt sind, eingeordnet. Nach einem erstem Gesamtüberblick über die gefunden Treffer wurden die verschiedenen inhaltlichen Themengebiete der Nachrichten mit möglichst präzisen und klaren Kategorien und Sammelbegriffen beschrieben.

Tabelle 10: Übersicht der Kategorien

Kategorie (Abkürzung)	Inhaltliche Dimension	Beschreibung
Kategorie 1 (k1)	Drogen; Alkohol; Sucht	Ereignisse über Drogenmissbrauch, Meldungen über Aufenthalte in Entzugskliniken oder Berichte über Magersucht.
Kategorie 2 (k2)	Affären; Scheidung	Nachrichten über Eheprobleme oder das Fremdgehen einer Person und auch häufiger Partnerwechsel.
Kategorie 3 (k3)	Juristische Angelegenheiten	Alle strafrechtlich Relevante Fälle, darunter auch Steuerhinterziehung und Gefängnisaufenthalte. Streitfälle um das Sorgerecht eines Kindes wurden Kategorie 2 zugeordnet.
Kategorie 4 (k4)	Spillover-Effekte[170]	Treffer oder Berichte, in denen eine Person X zusammen mit einer Berühmtheit, die in einen Skandal verwickelt ist, genannt wird, diese Person X aber keine direkte Verbindung zum Missstand hat.
Kategorie 5 (k5)	Image allgemein; Nachrede; Äußerungen	Negative oder abfällige Äußerungen, die Mitgliedschaft in von der Bevölkerung kritisierten Verbänden oder Institutionen (z.B.: Scientology), sowie Meldungen über die Erlangung nicht wünschenswerter Preise

---

[168] Vgl. Brosius, 2008, S. 554.
[169] Vgl. Brosius, 2008, S. 68 ff.
[170] Spillover-Effekte werden im Markenmanagement die transferierten Informationen der Konsumenten von der einen auf eine andere Marke und deren Assoziation genannt.

		(z.B. die Goldene Himbeere).
Kategorie 6 (k6)	Unzüchtiges / Unmoralisches Verhalten	Berichte über Nacktbilder oder sexuelle Aufnahmen sowie nicht den moralischen Vorstellungen entsprechende Neigungen und Verhaltensweisen einer Person.

Quelle: eigene Darstellung.

Grundsätzlich erfolgte die Einteilung der Kategorien subjektiv. Ausschlaggebend für die Einordnung war jeweils die inhaltliche Dimension und Kernaussage der Überschrift eines Treffers. Gab es z.B. im eigentlichen Nachrichtentext eine Abweichung bzw. spiegelte der Text nicht genau den subjektiv vermittelten Eindruck der Überschrift wieder, so wurde dieser Treffer anhand der Überschrift des Nachrichtentextes maßgeblich bewertet.[171]

4.2.3. Perioden

Neben der Einteilung in verschiedene Kategorien wurden die Treffer parallel dazu auch in zeitliche Perioden eingeteilt:

Tabelle 11: Übersicht der Perioden

Periode (Abkürzung)	Inhaltliche Dimension
Periode 1 (p1)	Hit 0 – 3 Monate vorher
Periode 2 (p2)	Hit 3 – 6 Monate vorher
Periode 3 (p3)	Hit 6 – 9 Monate vorher
Periode 4 (p4)	Hit 9 – 12 Monate vorher
Periode 5 (p5)	Hit 12 – 15 Monate vorher
Periode 5 (p6)	Hit 15 – 18 Monate vorher

Quelle: eigene Darstellung.

Wie Tabelle 11 zeigt, dient die Periodeneinteilung der systematischen Übersicht, in welchem Zeitraum vor dem Start des zu betrachtenden Films ein Treffer einzuordnen ist. Gibt es zum Beispiel einen Treffer für einen Schauspieler, der zeitlich gesehen sieben Monate vor dem Startdatum des Films in Erscheinung trat, so wird dieser Treffer in die Periode 3 eingeordnet. Jeder Treffer, der in eine Kategorie eingeteilt wurde, wurde somit spiegelbildlich auch einer entsprechenden zeitlichen Periode zugeordnet.

4.2.4. Analyseperspektiven

Damit die zusammengetragenen Daten nicht verzerrt wurden und korrekt analysiert werden konnten, wurden im Vorfeld der Analyse klare Definitionen über die Betrachtungsweise der Skandaltreffer getroffen.

Grundsätzlich ist es möglich, dass ein Skandal nicht nur aus einem, sondern aus mehreren Treffern, also gefundenen Nachrichten, besteht. Dementspre-

---

[171] Vgl. Felser, 2007, S. 388 ff.

chend wurde darauf geachtet, dass nicht jeder Treffer auch einen Skandal darstellt, sondern mehrere Treffer zur gleichen inhaltlichen Thematik zu einem Skandal zusammengefasst wurden. Darüber hinaus ist es möglich, dass zu einem Schauspieler ein Treffer gefunden wurde, der aber zeitlich gesehen für mehrere Filme relevant ist. Umgekehrt können Fälle auftreten, in denen in einem Film mehrere Darsteller mitspielen, wo sich die Skandaltreffer überschneiden und somit zwei Schauspieler in einem Film jeweils den gleichen Treffer mit Relevanz besitzen. Aufgrund dieser Fälle wurden Analysen aus zwei unterschiedlichen Perspektiven durchgeführt. Der Fokus liegt entweder auf dem Film oder dem Skandalträger gelegt. Wird der Film als Bezugsfaktor betrachtet, so zählen alle Hits, die dem Film zugeordnet werden. Aufgrund der oben geschilderten Fälle, in denen mehrere Schauspieler sich quasi einen relevanten Treffer teilen oder ein Hit für mehrere Filme zählt, kommt es bei dieser Betrachtungsweise zu Doppelzählungen einzelner Treffer. Wird hingegen der Fokus auf den Schauspieler gelegt, werden diese Doppeltreffer bereinigt, sodass sich die relevante Trefferzahl verringert. Anzumerken ist aber, dass auch hier ein Treffer mehrfach für die Analyse Relevanz hat, wenn einem Treffer zwei Schauspieler zugeordnet werden können. Jedoch werden aus dieser Perspektive nur die Kategorien, nicht aber die Perioden betrachtet, da eine zeitliche Zuordnung der Treffer hier aufgrund eines fehlenden Startdatums nicht mehr möglich ist. Schematische Übersichten zu den jeweiligen Perspektiven finden sich im Anhang A-2.

4.3. Güte der Datenerhebung

Wird die Güte einer Datenerhebung betrachtet, so werden die Kriterien Reliabilität und Validität unterschieden. Die Reliabilität, welche die Freiheit von Zufallsfehlern bei der Messung ausdrückt, ist durch den vorher fest definierten Untersuchungszeitraum einerseits und durch die klar abgegrenzten Erhebungsbereiche der Daten andererseits gegeben. Eine Wiederholung der Datenerhebung für den gleichen Zeitraum innerhalb der gleichen Medien würde so zu gleichen Daten für die Analyse führen.[172]

Die Validität, die die Freiheit von systematischen Fehlern ausdrückt, wird durch die inhaltlich und zeitlich festgelegten Kategorien und Perioden gewähr-

---

[172] Vgl. Lehmann / Gupta / Steckel, 1998, S. 251 ff.

leistet. Aufgrund der definitorischen Abgrenzungen, die die Grundlagen aus Kapitel 3. betreffen, welche Meldungen in die Datenerhebung mit einfließen, ist gesichert, dass auch das gemessen wird, was gemessen werden soll.[173]

Zur Generalisierbarkeit der Datenerhebung und im Besonderen zur Generalisierbarkeit der Ergebnisse wird in Kapitel 6. noch Bezug genommen. Grundsätzlich wurde schon erläutert, das die theoretischen Vorüberlegungen, wie sie in Kapitel zwei und drei vorgenommen worden, den Charakter der Generalisierbarkeit aufweisen.

4.4. Angewandte Methoden der Datenanalyse

Die durchgeführten Analysen sind thematisch in drei Punkte gegliedert. Nach einer allgemein gehaltenen deskriptiven Analyse werden mögliche Zusammenhänge zunächst mittels bivariater Modelle (Kontingenzanalysen, Korrelationsanalysen und Analysen auf Mittelwertunterschiede) und anschließend anhand multivariater Modelle (Varianzanalysen und Regressionsanalysen) untersucht. Alle Berechnungen wurden für beide Sichtweisen (Film und Schauspieler) in dieser Arbeit vorgenommen, soweit diese hinsichtlich der jeweiligen zu untersuchenden Fragestellung als sinnvoll erachtet wurden.

Sofern keine andere Angabe gemacht wird, beträgt das Konfidenzintervall der Analysen immer 95 % und das Signifikanzniveau liegt bei 0,05.[174]

5. Ergebnisse/Befunde

5.1. Deskriptive Analysen

In diesem ersten Analyseschritt wurden einzelne deskriptive Kenn- und Maßzahlen berechnet. Zeigten sich hier schon Auffälligkeiten, so wurden zudem einige detailliertere Statistiken für einzelne Fallgruppen mit in dieses Kapitel einbezogen. Außerdem wurden die Variablen hinsichtlich der Anwendbarkeit weiterer Berechnungsmodelle auf Normalverteilung hin überprüft.

Wie in Tabelle 12 zu sehen, gibt es enorme Spannweiten bei allen Variablen und auch der Mittelwert ist oft um ein Vielfaches höher als der Median. Das heißt, dass sich einzelne Filme stark bezüglich ihrer zugehörigen Kennzahlen

---

[173] Vgl. Lehmann / Gupta / Steckel, 1998, S. 254 ff.
[174] Signifikanzniveau wird im Folgenden mit SN abgekürzt bezeichnet.

unterscheiden. Nur die Werte zur Anzahl der Filme eines Schauspielers unterliegen, was durch den kurzen Untersuchungszeitraum zu erklären ist, keinen starken Abweichungen.

Tabelle 12: Allgemeine deskriptive Statistiken

Variablen	Maßzahlen				
	Mittelwert	Median	größter	kleinster	Gesamtsumme
Besucherzahlen EDI	567.636,18	15.684	960.110	384	233.298.471
Anzahl Kopien BRD	265,20	148	1249	20	105.299
Einspielergebnisse BRD	3.339.937,35	880.317	59.304.123	2.288	1,37E9
ROI BRD	9.935,09	6.494,23	63.714,17	114,4	4.083.322,19
Filme eines Schauspielers	1,35	1	5	1	411
Box Office Actor	2.928.128,29	896.451	49.388.864	2.288	3E9

Angaben basieren auf N (Filme) = 411 und n (Schauspieler) = 1026
Quelle: eigene Darstellung.

Die Skandalrecherche im Internet ergab in einem ersten Durchlauf 181 Treffer zu den Schauspielern.[175] Aufgrund der in Kapitel 4.2.4. geschilderten zwei Sichtweisen dieser Untersuchung, unterscheiden sich die Anzahl der gefunden Treffer im Netz von den für die Analyse relevanten Treffern und der Skandalanzahl, wie Tabelle 13 zeigt.

Tabelle 13: Übersicht Anzahl Treffer und Skandale

Fokus/Sichtweise	gefundene Hits / Treffer	daraus resultierende Skandale
Allgemeine Recherche	181	
Fokus Filme	279	214
Fokus Actor	204	152

Quelle: eigene Darstellung.

Diese Anzahl an Skandalen, 214 bei Filmen und 152 bei Schauspielern, reduziert sich nochmals aufgrund der Tatsache, dass mehrere Skandale einem Film oder einem Schauspieler zugeordnet werden können. Somit gibt es in Zusammenhang mit fast jeden vierten Film einen Skandal und 8,5 % der betrachteten Schauspieler sind in einem Skandal involviert. Tabelle 14 und Abbildung 2 verdeutlichen diese Ergebnisse anhand von absoluten und relativen Werten.

Tabelle 14: Übersicht Sample/Set und Skandal Ja/Nein

Sample / Set	Skandal vorhanden?		
	Nein (%)	Ja (%)	Gesamtzahl
Sample (Filme)	303 (73,7 %)	108 (26,3 %)	411 (100 %)
Set (Actor)	939 (91,5 %)	87 (8,5 %)	1.026 (100 %)

Quelle: eigene Darstellung.

---

[175] Die Internettreffer sind im Anhang A-3 aufgelistet.

Abbildung 2: Grafische Übersicht Skandal Ja oder Nein in %

	Nein (%)	Ja (%)
Sample (Filme)	73,70%	26,30%
Set (Actor)	91,50%	8,50%

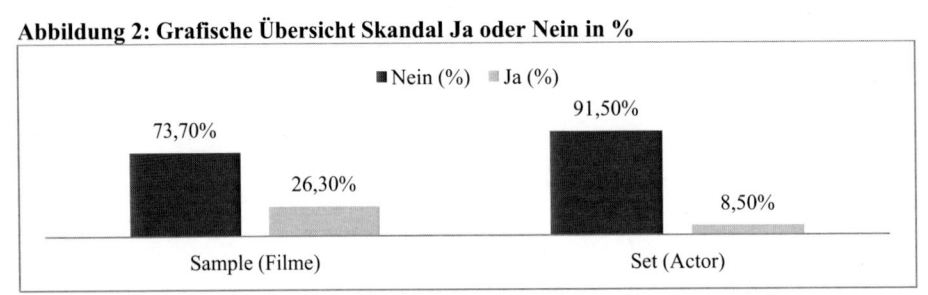

Quelle: eigene Darstellung.

Anhand Tabelle 15 wird deutlich, dass auch im Zusammenhang mit der Anzahl der Skandale und Treffer bezogen auf einen Film oder Schauspieler relativ große Spannweiten bei einzelnen Variablen auftreten. So kommen auf einen Film im Durchschnitt zwar nur circa zwei Skandale oder Treffer, jedoch steigen diese Zahlen auf bis zu acht Skandale oder 13 Treffer in einem Film an. Bei den Schauspielern ist diese Spannweite nicht ganz so groß, aber auch hier kann ein Schauspieler in bis zu sechs Skandale involviert sein und bis zu neun Treffer haben. Ein weiterer interessanter Aspekt ist, dass in einem Skandalfilm bis zu drei Schauspieler mitwirken, die in einen Skandal involviert sind. Zudem zeigte sich, dass ein oder mehrere Skandale eines Schauspielers für bis zu fünf Filme relevant sind.

Tabelle 15: Statistiken Skandalfilme und Skandalschauspieler

Variablen	Maßzahlen				
	Mittelwert	Median	größter	kleinster	Gesamtsumme
Anzahl Skandale Fokus Film	1,98	1	8	1	214
Anzahl Hits Fokus Film	2,58	2	13	1	279
Anzahl Skandale Fokus Actor	1,56	1	6	1	152
Anzahl Hits Fokus Actor	1,98	1	9	1	204
Actor mit Skandalen in einem Film	1,25	1	3	1	108
Skandalfilme eines Actors	1,54	1	5	1	87

Quelle: eigene Darstellung.

Gesonderte Aufschlüsselungen, insbesondere Daten über die Verteilung der Skandale auf die Geschlechter und Produktionsländer, werden in Kapitel 5.2. anhand von Kontingenzanalysen und Kreuztabellen behandelt.

Im Rahmen der Testung auf Normalverteilung ergab sich, dass sowohl der Kolgomorov-Smirnov-Test als auch der Shapiro-Wilk-Test einen Signifikanzwert von 0,000 für die Variablen Anzahl der Skandale, Anzahl der Hits, Besucherzahlen BRD, Anzahl der Kopien und Höhe des Box Office BRD auswiesen. Daher kann nicht davon ausgegangen werden, dass diese Variablen normalverteilt sind.[176] Aufgrund des zentralen Grenzwertsatzes, der besagt, dass für große Zufallsstichproben (n ≥ 30) die Mittelwerte approximativ normalverteilt sind, können dennoch statistische Tests angewendet werden, welche als Bedingung eine Normalverteilung der Daten voraussetzen.[177] Um jedoch Unklarheiten für die weiteren Analysen so weit wie möglich auszuschließen, wurden für die einzelnen Variablen einerseits parametrische und zusätzlich auch nichtparametrische Tests, welche verteilungsfrei sind und deren Berechnungen auf dem Median fußen, durchgeführt.[178]

5.2. Kreuztabellierung und Kontingenzanalysen

Mittels der Kontingenzanalyse wird generell geprüft, ob ein statistischer Zusammenhang zwischen mehreren nominalskalierten Variablen besteht. Zunächst wird dabei ein möglicher Zusammenhang durch Kreuztabellen visualisiert. Werden Assoziationen aufgrund der tabellarischen Übersichten festgestellt, so wird anhand der Kontingenzanalyse überprüft, ob diese Zusammenhänge zufällig oder tatsächlich signifikant sind. Dazu wird zunächst die CHI^2-Teststatistik angewendet, welche die Hypothese überprüft, ob die Variablen X und Y statistisch unabhängig voneinander sind.[179] Die Stärke der Assoziationen wird anhand des Phi-Koeffizienten gemessen. Für Variablen mit mehr als zwei Ausprägungen wird hingegen der Kontingenzkoeffizient und dessen Maximalwert benutzt.[180] Wichtig dabei ist, dass keine Aussagen über die Richtung, sondern nur über die Stärke möglicher statistischer Zusammenhänge getroffen werden können. Aussagen über die Richtung des Zusammenhangs werden in Kapitel 5.3. anhand Korrelationsanalysen untersucht. Für eine korrekte Ergebnisinterpretation sollten zudem die erwarteten Häufigkeiten in maximal 20 % der Fälle nicht kleiner als fünf sein.[181] Da diese Verfahren verteilungsfrei sind, können sie problemlos auf die vorhandenen Daten angewendet werden.

Bei der Überprüfung auf Unabhängigkeit der Variable Produktionsland und des Auftretens eines Skandals wurde ein Signifikanzwert von 0,001 ermittelt, was einen Zusammenhang vermuten lässt. Da aber die erwarteten Häufigkeiten in

---

[176] Die einzelnen Testergebnisse finden sich im Anhang A-4.
[177] Vgl. Hartung, 2002, S. 122.
[178] Vgl. Hartung, 2002, S. 139 ff.
[179] Vgl. Backhaus / Erichson / Plinke / Weiber, 2003, S. 230 ff.
[180] Vgl. Backhaus / Erichson / Plinke / Weiber, 2003, S. 243 ff.
[181] Vgl. Backhaus / Erichson / Plinke / Weiber, 2003, S. 255.

82,5 % der Fälle kleiner als fünf waren und ein exakter Test nach Fisher nur bei einer 2x2-Feldertafel angewendet wird, wurden die Produktionsländer für genauere Ergebnisse in Gruppen eingeteilt.[182] Tabelle 16 und Abbildung 3 zeigen die Verteilungen innerhalb der Gruppen.

Tabelle 16: Kreuztabelle Länder-Gruppen und Skandale

Produktionsland	Skandal vorhanden?		
	Nein (%)	Ja (%)	Gesamtzahl
USA	152 (62,0 %)	93 (38,0 %)	245 (59,6 %)
englischsprachige	23 (74,2 %)	8 (25,8 %)	31 (17,5 %)
deutschsprachige	70 (95,9 %)	3 (4,1 %)	73 (7,5 %)
sonstige	58 (93,5 %)	4 (6,5 %)	62 (15,3 %)
Gesamt	303 (73,7 %)	108 (26,3 %)	411 (100 %)

Quelle: eigene Darstellung.

Abbildung 3: Grafische Übersicht Länder-Gruppen und Skandale in %

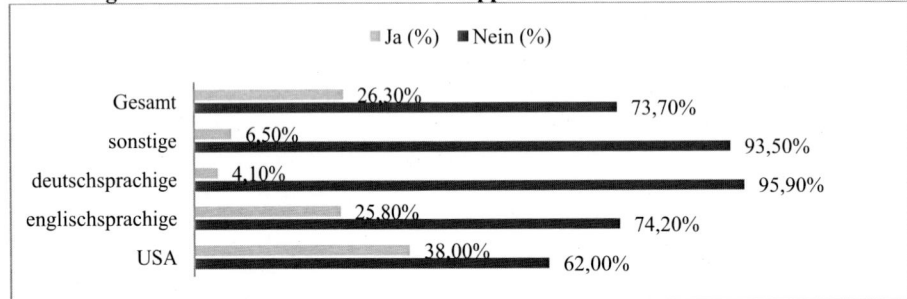

Ja (%)   Nein (%)

	Ja (%)	Nein (%)
Gesamt	26,30%	73,70%
sonstige	6,50%	93,50%
deutschsprachige	4,10%	95,90%
englischsprachige	25,80%	74,20%
USA	38,00%	62,00%

Quelle: eigene Darstellung.

Die vorherigen Ergebnisse bestätigten sich (SN = 0,000) und eine Betrachtung der Häufigkeiten lassen einen Zusammenhang zwischen dem Produktionsland USA und dem Auftreten eines Skandals vermuten. Der berechnete Phi-Koeffizient ergab einen Wert von 0,343. Ab einem Wert von 0,3 wird der Zusammenhang als stark angesehen. Da jedoch die Variable Produktionsland mehr als zwei Ausprägungen hat, wurde hier zusätzlich ein Kontingenzkoeffizient von 0,324 ermittelt, welcher eine Modifikation des Phi-Koeffizienten darstellt. Zur eindeutigen Bewertung der Stärke des Zusammenhangs wurde der Maximalwert des Kontingenzkoeffizienten herangezogen, der einen Wert von 0,707 ergab und somit auf einen starken Zusammenhang hinweist.[183]

Bei der Überprüfung auf Unabhängigkeit zwischen dem Geschlecht und dem Auftreten eines Skandals wurde ein Signifikanzwert von 0,581 ermittelt, was auf Unabhängigkeit hinweist. Dieses Ergebnis wird zusätzlich auch durch den

---

[182] Vgl. Backhaus / Erichson / Plinke / Weiber, 2003, S. 243.
[183] Vgl. Backhaus / Erichson / Plinke / Weiber, 2003, S. 243 ff.

exakten Test nach Fisher (0,641) bestätigt. Tabelle 17 und Abbildung 4 zeigen zusätzlich die Verteilungen in Bezug auf das Geschlecht.

Tabelle 17: Kreuztabelle Skandal und Geschlecht

Geschlecht	Skandal vorhanden?		
	Nein (%)	Ja (%)	Gesamtzahl
weiblich	339 (90,9 %)	34 (9,1 %)	373 (36,4 %)
männlich	600 (90,5 %)	53 (9,5 %)	653 (63,6 %)
Schauspieler Gesamt	939 (91,5 %)	87 (8,5 %)	1.026 (100 %)

Quelle: eigene Darstellung.

Abbildung 4: grafische Übersicht Skandal und Geschlecht in %

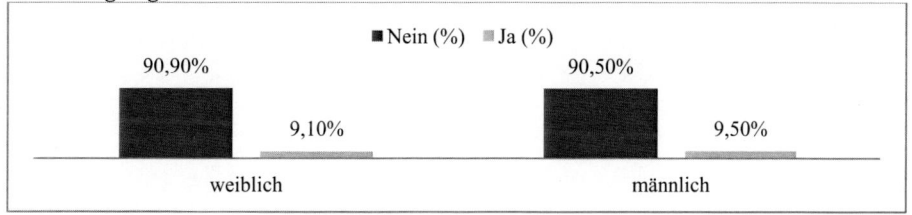

[Balkendiagramm: weiblich – Nein 90,90%, Ja 9,10%; männlich – Nein 90,50%, Ja 9,50%]

Quelle: eigene Darstellung.

Wie in Kapitel 5.1. erläutert, ist die Anzahl der relevanten Treffergröße aufgrund der unterschiedlichen Bezugsgrößen und Mehrfachzählungen höher als 181. In Tabelle 18 werden die für den Fokus Schauspieler relevanten 204 Treffer nach Geschlecht und Kategorien aufgeschlüsselt.

Tabelle 18: Kreuztabelle Geschlecht und Treffer in Kategorien

		Kategorien						
		K1	K2	K3	K4	K5	K6	Gesamt
Geschlecht	männlich	15	37	8	6	33	5	104
	weiblich	2	37	13	3	26	19	100
	Gesamt	17	74	21	9	59	24	204

Quelle: eigene Darstellung.

Aufgrund eines Signifikanzwertes von 0,001 beim CHI²-Test, kann auf eine Abhängigkeit zwischen dem Geschlecht und der Treffer in den einzelnen Kategorien geschlossen werden. Auch der Phi-Koeffizient (0,321) sowie der Kontingenzkoeffizient (0,306) bzw. der dazugehörige Maximalwert (0,816) lassen einen starken Zusammenhang vermuten. Die erwarteten Häufigkeiten liegen in 16,2 % der Fälle unter dem Wert von fünf, was als tolerabel für eine Interpretation der Ergebnisse gilt.[184] Anhand Tabelle 19 werden die Treffer für die Perspektive Film nach Perioden und Kategorien differenziert dargestellt.

---

[184] Vgl. Backhaus / Erichson / Plinke / Weiber, 2003, S. 255.

Tabelle 19: Kreuztabelle Treffer mit Fokus Film

Perioden		K1	K2	K3	K4	K5	K6	Gesamt
	P1	5	21	3	2	13	8	52
	P2	5	15	4	0	16	5	45
	P3	4	11	7	1	7	4	34
	P4	3	14	6	3	10	2	38
	P5	9	35	3	4	10	6	67
	P6	3	19	2	0	17	2	43
	Gesamt	29	115	25	10	73	27	279

Quelle: eigene Darstellung.

Bei der Untersuchung auf Unabhängigkeit zwischen den Perioden und Kategorien kann aufgrund des CHI^2-Tests nicht auf eine Abhängigkeit geschlossen werden (SN = 0,122). Jedoch sind die erwarteten Häufigkeiten in 52,8 % kleiner als fünf, sodass hier eine Interpretation des Ergebnisses nur vorsichtig vorgenommen werden kann.

5.3. Korrelationsanalysen

In diesem Analyseschritt wurden Korrelationsanalysen durchgeführt, um zu überprüfen, ob Zusammenhänge zwischen einzelnen metrischen Variablen existieren. Mittels der Berechnung von Korrelationskoeffizienten wurden die Stärke und der Zusammenhang jeweils zweier Variablen untersucht. Es gilt, je höher die errechneten Werte, desto stärker der lineare Zusammenhang zwischen den Variablen.[185] Wird in der Literatur von einem Korrelationskoeffizienten gesprochen, so ist meist der Korrelationskoeffizient nach Pearson gemeint.[186] Jedoch ist der dazu gehörende Test an die Normalverteilung beider untersuchten Variablen gebunden. Da diese gemäß den vorherigen Tests nicht vorliegt, wird trotz des Grenzwertsatzes der Rangkorrelationskoeffizient nach Spearman verwendet.[187] Die folgenden Tabellen zeigen Auszüge aus den verschiedenen Korrelationsmatrizen und stellen signifikante Ergebnisse der Analyse dar. Es wurden jeweils Berechnungen bezogen auf alle Filme (N = 411) und zusätzlich nur auf Skandalfilme (N = 108) durchgeführt.

Grundsätzlich konnten hoch signifikante positive und teilweise nahezu perfekte Korrelationen zwischen den Variablen Box Office USA und Box Office BRD

---

[185] Vgl. Brosius, 2008, S. 504 ff.
[186] Vgl. Hartung, 2002, S. 546 ff.
[187] Vgl. Hartung, 2002, S. 553 ff.

(0,625**), der Anzahl der Besucher und der Einspielergebnisse (0,997**), sowie zwischen der Anzahl der Kopien mit den Einspielergebnissen in Deutschland und dem ROI in Deutschland (0,828**) festgestellt werden. Besonders die starken Korrelationen zwischen den Einspielergebnissen in Deutschland und den USA zeigen deutlich, dass der Erfolg (bzw. Misserfolg) eines Films in Deutschland in Zusammenhang mit den Einspielergebnissen aus den USA steht.[188] Nahezu identische Ergebnisse wurden zudem für die Skandalfilme festgestellt (BO und Besucher 0,998**; BO und Kopien 0,877**).[189] Werden die Ergebnisse für die in dieser Arbeit interessanten skandalbezogenen Variablen in Tabelle 20 betrachtet, so fällt auf, dass alle Variablen zwar nur schwach positive Korrelationen aufweisen, diese aber hoch signifikant sind. Demnach könnte auch hier ein zumindest mäßiger Zusammenhang zwischen der Höhe der Anzahl der Hits und Skandale, sowie der Anzahl der Skandalschauspieler in einem Film und den Besucherzahlen, der Einspielergebnisse und der Anzahl der maximalen Kopien bestehen. Anzumerken ist jedoch, dass die Anzahl der Kopien und die Besucherzahlen hoch positiv miteinander korrelieren, was demzufolge auch höhere Einspielergebnisse zur Folge haben könnte. Signifikante Korrelationen beim ROI konnten nicht festgestellt werden.

Tabelle 20: Korrelationen alle Filme

	Anzahl Skandale bezogen auf Filme	Anzahl Hits bezogen auf Film	Anzahl Schauspieler mit Skandalen
Besucherzahlen EDI	0,202**	0,205**	0,203**
Anzahl Kopien	0,296**	0,297**	0,297**
Box Office BRD	0,208**	0,211**	0,209**

**: SN < 0,01; *: SN < 0,05; N = 411 Filme; Spearman Rangkorrelationskoeffizient
Quelle: eigene Darstellung.

Entsprechende Analysen bezogen auf Filme aus den USA, in denen relativ und absolut gesehen der Anteil der Skandalnachrichten am größten war, zeigt Tabelle 21. Zwar liegen hier schwächere positive Korrelationen im Vergleich zu allen betrachteten Filmen vor, diese sind aber durchgängig signifikant. Auch hier kann somit auf einen positiven Zusammenhang zwischen der Anzahl der Skandale und der abhängigen Variablen geschlossen werden.

Nicht vergessen werden darf aber jedoch, dass auch Schlussfolgerungen in die entgegengesetzte Richtung möglich sind. So kann nicht mit Sicherheit gesagt

---

[188] Vgl. Gaitanides, 2001a, S. 37 f.; Vgl. Hennig-Thurau / Wruck, 2000, S. 18 ff.
[189] **: SN < 0,01; *: SN < 0,05.

werden, ob die Skandale die abhängigen Variablen oder eben die abhängigen Variablen die Skandale beeinflussen.

Tabelle 21: Korrelationen USA-Filme

	Anzahl Skandale bezogen auf Filme	Anzahl Hits bezogen auf Film	Anzahl Schauspieler mit Skandalen
Besucherzahlen EDI	0,132*	0,132*	0,133*
Anzahl Kopien	0,148*	0,152*	0,144*
Box Office BRD	0,138*	0,139*	0,139*

**: SN < 0,01; *: SN < 0,05; N = 245 Filme; Spearman Rangkorrelationskoeffizient
Quelle: eigene Darstellung.

Werden nur die Skandalfilme auf Korrelationen hinsichtlich der abhängigen Variablen untersucht, so konnten keine signifikanten Ergebnisse festgestellt werden, jedoch korrelieren nahezu alle Variablen schwach negativ miteinander. Eine Verknüpfung der Ergebnisse aus den Tabellen 20 und 22 deutet darauf hin, dass Skandale und Einspielergebnisse (bzw. Anzahl der maximalen Kopien und Besucherzahlen) zwar grundsätzlich einen positiven Zusammenhang aufweisen, jedoch ab einer gewissen Anzahl an Skandalen dieser Zusammenhang negativ wird. Aufgrund der fehlenden Signifikanz der Korrelationen bezogen auf die Gruppe der Skandalfilme, ist dieses Ergebnis aber nur sehr vorsichtig zu betrachten.

Tabelle 22: Korrelationen Skandalfilme

	Anzahl Skandale bezogen auf Filme	Anzahl Hits bezogen auf Film	Anzahl Schauspieler mit Skandalen
Besucherzahlen EDI	-0,055	-0,010	-0,052
Anzahl Kopien	-0,020	0,006	-0,055
Box Office BRD	-0,061	-0,014	-0,058

**: SN < 0,01; *: SN < 0,05; N = 108 Filme; Spearman Rangkorrelationskoeffizient
Quelle: eigene Darstellung.

Werden mögliche Korrelationen bezogen auf einzelne Kategorien und Perioden betrachtet, können grundsätzlich die vorher genannten Ergebnisse bestätigt werden. Skandaltreffer in nahezu allen Kategorien und Perioden weisen zwar schwach positive, aber dennoch signifikante Korrelationen in Bezug auf die Besucherzahlen, die Anzahl der Kopien und die Einspielergebnisse auf. Aus Tabelle 23 wird zudem ersichtlich, dass Treffer und Skandale der Kategorie 4, sowie Treffer in der Periode 6 keine signifikanten Korrelationen aufweisen. Zudem scheinen Treffer und Skandale der Kategorie 6, sowie Treffer in der Periode 2 nur in Beziehung mit der Anzahl der Kopien zu stehen.

Tabelle 23: Korrelationen Kategorien & Perioden

	Besucherzahlen EDI	Anzahl Kopien	Box Office BRD
Hits K1	0,117*	0,159**	0,116*
Hits K2	0,131*	0,201**	0,135*
Hits K3	0,128*	0,130**	0,127**
Hits K4	0,884	0,078	0,084
Hits K5	0,107*	0,172**	0,112*
Hits K6	0,083	0,118*	0,085
Skandale K1	0,117*	0,159**	0,117*
Skandale K2	0,129*	0,198**	0,132**
Skandale K3	0,128*	0,129**	0,127*
Skandale K4	0,083	0,077	0,083
Skandale K5	0,107*	0,171**	0,112
Skandale K6	0,082	0,118*	0,085
Hits P1	0,099*	0,114**	0,101*
Hits P2	0,065	0,137**	0,068
Hits P3	0,105*	0,180**	0,106*
Hits P4	0,106*	0,124*	0,108*
Hits P5	0,104*	0,165**	0,107*
Hits P6	0,064	0,090	0,071

**: SN < 0,01; *: SN < 0,05; N = 411 Filme; Spearman Rangkorrelationskoeffizient
Quelle: eigene Darstellung.

Werden nur Skandalfilme untersucht, zeigt sich auch hier, dass zwar keine signifikanten Korrelationen vorliegen, jedoch überwiegend negative Vorzeichen zu finden sind. Treffer und Skandale der Kategorie 1, 3 und 4, sowie Perioden der Kategorie 3 und 4 weisen jedoch positive Vorzeichen. Signifikante Ergebnisse sind aber nicht nachweisbar, weshalb sich diese Korrelationsmatrix zur Vollständigkeit im Anhang A-5 befindet.

Wird der Fokus auf die Schauspieler und nicht mehr auf die Filme gelegt, wird anhand Tabelle 24 deutlich, dass sowohl die Anzahl der Hits und Skandale als auch die Anzahl der Skandalfilme, aber auch die Anzahl der Filme ohne Skandale hoch signifikant mit den Kontrollvariablen (Box Office und Anzahl der Kopien) positiv korrelieren. Dabei sind die Unterschiede zwischen den Durchschnitten und den Gesamtzahlen nur marginal. Auffällig ist, dass die Variable ROI nur mit der Variable Anzahl Filme ohne Skandale korreliert (negative Korrelationen beim Durchschnittswert und positive Korrelationen beim Gesamtwert). Zudem korreliert die Variable BO_{AD} stärker mit der Anzahl der Filme ohne Skandale als mit der Anzahl der Skandalfilme. Umgekehrt ist es dagegen bei der Variable $Kopien_{AD}$. Darüber hinaus weist die Variable Anzahl der Filme ohne Skandale bei den Gesamtwerten der Kontrollvariablen die stärksten Korrelationen auf, welche zudem hoch signifikant sind.

Tabelle 24: Korrelationen alle Schauspieler

	Anzahl Skandale	Anzahl Hits	Anzahl Skandalfilme	Anzahl Filme ohne Skandale
BO_{AD}	0,126**	0,126**	0,128**	0,185**
ROI_{AD}	-0,020	-0,19	-0,036	-0,118**
$Kopien_{AD}$	0,184**	0,184**	0,186**	0,137**
Gesamt Kopien	0,186**	0,186**	0,191**	0,334**
Gesamt ROI	0,018	0,019	0,020	0,136**
Gesamt BO	0,135**	0,136**	0,139**	0,311**

**: SN < 0,01; *: SN < 0,05; n = 1026 Schauspieler; Spearman Rangkorrelationskoeffizient
Quelle: eigene Darstellung.

Ähnliche Ergebnisse, sowohl hinsichtlich der Signifikanzen als auch der Stärke der Korrelationen, lassen sich bei Schauspielern feststellen, welche in USA-Produktionen mitgespielt haben. Die Korrelationen bezogen auf die Anzahl von Skandalen, Hits und Skandalfilmen weisen hier nur leicht signifikante Korrelationen auf, was in Tabelle 25 zu sehen ist.

Tabelle 25: Korrelationen USA-Schauspieler

	Anzahl Skandale	Anzahl Hits	Anzahl Skandalfilme	Anzahl Filme ohne Skandale
BO_{AD}	0,094*	0,094*	0,102*	0,115**
ROI_{AD}	0,031	0,031	0,033	-0,182*
$Kopien_{AD}$	0,098*	0,099*	0,104*	0,041
Gesamt Besucher	0,098*	0,098*	0,108*	0,273**
Gesamt Kopien	0,100*	0,100*	0,109*	0,325**
Gesamt ROI	0,055	0,055	0,064	0,136**
Gesamt BO	0,097*	0,097*	0,107*	0,273**

**: $p < 0,01$; *: $p < 0,05$; n = 538 Schauspieler; Spearman Rangkorrelationskoeffizient
Quelle: eigene Darstellung.

Eine Analyse nur bezogen auf Skandalschauspieler brachte nur wenig neue Erkenntnisse. Einzig die Anzahl der Skandalfilme korreliert mit hoher Signifikanz mit der Gesamtbesucheranzahl (0,431**), der Anzahl der Gesamtkopien (0,568**) und der Gesamteinspielergebnissen (0,147**). Zur Vollständigkeit ist die zugehörige Korrelationsmatrix in Anhang A-6 zu finden.

5.4. Tests auf Mittelwertunterschiede

Mittels eines t-Tests lässt sich untersuchen, ob ein Mittelwertunterschied zwischen zwei Fallgruppen oder aber auch Variablen dementsprechende Rückschlüsse auf die Grundgesamtheit zulässt Der t-Tests sowie die Varianzanalyse erfordern für exakte Ergebnisse normalverteilte Variablen. Zwar wird vielfach darauf hingewiesen, dass diese Annahme aufgrund der Robustheit der Ergebnisse nicht allzu kritisch gesehen wird, zumal der zentrale Grenzwertsatz hier anwendbar ist, dennoch werden auch nicht-parametrische Tests angewendet, um Ergebnisse zu stützen.[190] Zudem müssen die vorliegenden Daten mindestens Intervallskalenniveau besitzen, was für die untersuchten Variablen gegeben ist. Darüber hinaus ist es generell wichtig, dass die betrachteten Variablen bei unabhängigen Stichproben Homoskedazistität (Varianzgleichheit) aufweisen. Da PASW Statistics für die t-Tests für den Fall der Nicht-Homoskedazistität eine adäquate Teststatistik bereithält, ist dieser Punkt für die weitere Analyse nicht zwingend von Bedeutung.[191]

Im Folgenden werden größtenteils nur Interpretationen der einzelnen Tests wiedergegeben. Die vollständigen statistischen Testergebnisse, sowie Informationen zum Mittelwert und zum Median finden sich im Anhang A-7 und A-8.

Die Schwankungen im Mittelwert bei den Einspielergebnissen, den Besucherzahlen und der Anzahl der Kopien wenn ein Skandal vorhanden ist oder nicht, können nach den Testergebnissen auf die Grundgesamtheit übertragen werden. Demnach sind die Mittelwerte in der Gruppe größer, wenn ein Skandal vorhanden ist. Bei der Variable Return on Investment können demgegenüber jedoch keine Rückschlüsse auf die Grundgesamtheit gezogen werden. Diese Ergebnisse werden durch den Mann-Whitney-U-Test[192], die nicht-parametrische Teststatistik für Fragestellung des t-Tests, gestützt (SN = 0,000 für Besucher, BO und Kopien; SN = 0,507 für ROI).

Gleiches gilt, wenn der t-Test nur auf Filme aus den USA angewendet wird. Auch hier lassen sich die Ergebnisse der Stichprobe, mehr Besucher und eine größere Anzahl an Kopien bei Vorhandensein eines Skandals, auf die Grundgesamtheit übertragen. Der Mann-Whitney-U-test bestätigt auch hier die Ergebnisse (SN Besucher = 0,033; SN BO = 0,026; SN Anzahl Kopien = 0,026).

Wird der Frage nachgegangen, ob es Unterschiede bei den Geschlechtern hinsichtlich der Anzahl der Skandale gibt, konnten mittels des t-Tests bei

---

[190] Vgl. Brosius, 2008, S. 465.
[191] Vgl. Brosius, 2008, S. 466.
[192] Vgl. Hartung, 2002, S. 513 ff.

unabhängigen Stichproben zwar leichte Unterschiede dahingehend festgestellt werden, dass Männer in der Stichprobe im Mittel 0,109 Skandale weniger haben als Frauen. Aufgrund des Signifikanzniveaus von 0,102 können aber nicht unbedingt Rückschlüsse auf die Grundgesamtheit gezogen werden.

Darüber hinaus lassen die Ergebnisse den Schluss zu, dass Männer zwar in der Grundgesamtheit höhere Einspielergebnisse und mehr Zuschauer auf sich vereinen, jedoch Frauen marginal höhere Durchschnittseinspielergebnisse erzielen.

Auch dies konnte anhand des Mann-Whitney-U-Tests bestätigt werden.

Bei der Betrachtung der Schauspieler und der Skandalschauspieler im Hinblick auf Unterschiede in den Einspielergebnissen, der Anzahl der Kopien und des ROI können Mittelwertunterschiede durchaus auf die Grundgesamtheit übertragen werden. Demnach haben Schauspieler ohne Skandale weniger Zuschauer (- 525.971), die Anzahl der Kopien ist kleiner und auch die Einspielergebnisse (- 3.167.634) sowie der Return on Investment (- 3,150) sind geringer. Die nicht-parametrische Teststatistik stützt diese Ergebnisse (SN = 0,000), jedoch gilt dies nicht für die Variable ROI (SN = 0,566). Aufgrund der äußerst geringen Schwankungen des ROI den parametrischen Tests, wird dem ROI in diesem Fall aber keine große Bedeutung zugesprochen.

Grundsätzlich sind die Ergebnisse der Erhebung den Testergebnissen nach zu urteilen auf die Grundgesamtheit übertragbar. Einzig die Werte der Variable des Return on Investment sind bei Rückschlüssen auf die Grundgesamtheit vorsichtig zu interpretieren.

5.5. Einfaktorielle Varianzanalyse

Anhand der einfaktoriellen Varianzanalyse (ANOVA) werden ähnlich dem t-Test bei unabhängigen Stichproben die Mittelwerte dahingehend überprüft, ob diese auch in der Grundgesamtheit zu finden sind und welche Gruppen sich unterscheiden. Der Unterschied besteht aber darin, dass hier die unabhängige Variable mehr als zwei Ausprägungen (bzw. Faktorstufen) aufweisen kann. Die abhängige Variable muss dabei metrisch, die unabhängige Variable mindestens nominal verteilt sein. Die Nullhypothese besagt, dass sich die Gruppenmittelwerte der unabhängigen Variable nicht voneinander unterscheiden und somit nicht auf einen Einfluss auf die abhängige Variable geschlossen werden kann.[193]

Werden die Produktionsländer als unabhängige Variable und die Anzahl der Treffer und der Skandale als abhängige Variablen betrachtet, so finden sich signifikante Unterschiede der Länder, welche sich auf die Grundgesamtheit übertragen lassen, nur bei der Anzahl der Skandale (SN = 0,050). Dagegen weisen die Ergebnisse bei der Anzahl der Treffer (SN = 0,217) auf keine Einflüsse des Produktionslandes hin.

Aufgrund der Begebenheit, dass für einige Produktionsländer weniger als zwei Datensätze vorhanden sind, wurden diese wie schon im Kapitel 5.2. beschrieben, in vier Gruppen zusammengefasst: USA, englischsprachige Filme, deutschsprachige Filme und Sonstige. Hier zeigt sich, dass sich sowohl die Anzahl der Treffer (SN = 0,000) als auch der Skandale (SN = 0,000) innerhalb der Gruppen als auch in der Grundgesamtheit unterscheiden. Anhand der Eta-Statistik kann zudem gefolgert werden, dass 6,6 % der Treffer und 8,1 % der Skandale sich durch den Faktor Produktionsland erklären lassen.

Anhand dieser Ergebnisse lässt sich schließen, dass die Mittelwerte der Variablen einzelner Produktionsländer zwar unterschiedlich sind, jedoch lässt sich nicht sagen, welche Gruppen sich genau voneinander unterschieden. Um dieser Frage nachzugehen wurden multiple Vergleichtests durchgeführt. Aufgrund der Ergebnisse des Levene-Test kann nicht von Varianzgleichheit ausgegangen werden (SN = 0,000), sodass hier das Tamhane-T2-Verfahren[194] durchgeführt wurde. Es zeigte sich, dass Filme aus den USA einen höheren Mittelwert bezogen auf die Anzahl der Treffer und der Skandale haben, als Filme aus Deutschland und sonstigen Ländern (SN = 0,000). Auch der Kruskal-Wallis-Test[195] als nicht-parametrisches Testverfahren bestätigt dies (SN = 0,000).

Die vollständigen Berechnungen finden sich in den Anhängen A-9 und A-10.

Auf eine mehrfaktorielle Varianzanalyse, welche im Gegensatz zur einfaktoriellen Varianzanalyse die Möglichkeit bietet, die Wirkung mehreren unabhängigen nominalen Variablen auf abhängige Variablen zu untersuchen, wird zugunsten einer ausführlichen Regressionsanalyse verzichtet.

---

[193] Vgl. Backhaus / Erichson / Plinke / Weiber, 2003, S. 126 f.
[194] Vgl. Brosius, 2008, S. 496.
[195] Vgl. Hartung, 2002, S. 613 ff.

5.6. Lineare Regressionsanalyse

Anhand einer Regressionsanalyse wird der Zusammenhang zwischen einer metrisch skalierten abhängigen Variablen und einer oder mehreren unabhängigen Variablen untersucht. Um auch nominale Daten mit in die Analyse einbeziehen zu können, wurden diese, wie in Kapitel 4.2.1. geschildert, in Dummy-Variablen umcodiert.[196] Die abhängige Variable ist in fast allen Modellen das Einspielergebnis in Deutschland. Zudem wurden auch Analysen mit der Anzahl der Kopien als abhängige Variable durchgeführt. In einem ersten Schritt wurden zunächst mehrere einfache lineare Regressionsanalysen durchgeführt. Für die Arbeit signifikante Ergebnisse und Variablen wurden dann als Anhaltspunkte für eine zu schätzende multiple Regressionsfunktion benutzt. Für die Regressionsanalyse wurden zusätzlich zu den erhobenen Kontrollvariablen auch noch für einige Filme Daten zu Produktions- und Marketingkosten seitens des betreuenden Lehrstuhls zur Verfügung gestellt, welche in die Analysen einbezogen wurden.

5.6.1. Einfache lineare Regressionsanalyse

Bei der einfachen linearen Regression wird die Auswirkung einer unabhängigen Variablen auf eine abhängige Variable untersucht. Die Regressionsgleichung hat hier die allgemeine Form $y = a + b \cdot x$ mit der abhängigen Variable y, einer Konstante a, welche dem y-Achsenabschnitt entspricht, einem Regressionskoeffizienten b, welcher die Steigung der Regressionsgeraden darstellt, und der unabhängigen Variable x. Aufgrund der Nicht-Linearität der Werte zu den Einspielergebnissen wurden diese in einem ersten Schritt logarithmiert. Die neue Gleichung besitzt demensprechend die Form $\ln(y) = a + b \cdot x$. Alle weiteren Prämissen für eine Regressionsgleichung (Normalverteilung, keine Multikollinearität, keine Autokorrelation, Homoskedastizität) wurden mittels von PASW überprüft und positiv bestätigt bzw. können aufgrund des zentralen Grenzwertsatzes vernachlässigt werden.[197] Es zeigte sich, dass Homoskedastizität aufgrund des Levene-Testergebnisses nur bedingt vorliegt (SN = 0,403) und die Regressionsanalysen demnach nur vorsichtig interpretiert werden dürfen. Tabelle 26 zeigt die unabhängigen Variablen, die zugehörigen Koeffi-

---

[196] Vgl. Brosius, 2008, S. 554 ff.
[197] Vgl. Backhaus / Erichson / Plinke / Weiber, 2003, S. 78 ff.; Vgl. Brosius, 2008, S. 560 ff.

zienten und Signifikanzen, sowie die jeweiligen Konstanten sowie die Bestimmtheitsmaße der Gleichungen. Als abhängige Variable wurde das Einspielergebnis betrachtet. Die Spalte SN Var. x spiegelt auch gleichzeitig die Güte des Gesamtmodells wieder.[198]

Tabelle 26: Einfache Regressionen alle Filme[199]

Unabhängige Variable x	Koeff. b	SN Var. x	Konst. a	SN Konst. a	R^2	Adjustiertes R^2	N
Anzahl Hits	0,153	0,004	13,599	0,000	0,020	0,017	411
Anzahl Skandale	0,288	0,003	13,584	0,000	0,021	0,019	411
Anzahl Skandalschauspieler im Film	0,512	0,000	13,534	0,000	0,031	0,029	411
Skandal Ja oder Nein	0,861	0,000	13,476	0,000	0,046	0,044	411

Quelle: eigene Darstellung.

Allen Variablen sind ein hoher Signifikanzwert und gleichzeitig aber ein geringer Wert beim Bestimmtheitsmaß gemein. Mit einem Erklärungsbeitrag von nur 3,1 % der Variable Anzahl der Skandalschauspieler in einem Film bzw. nur 4,6 % der Variable Skandal Ja oder Nein leisten die Skandalvariablen bei der einfachen Regressionsanalyse nur einen sehr geringen Erklärungsbeitrag. Anhand der Tabelle 26 wird zudem klar, dass jede Skandalvariable positive Koeffizienten aufweist und somit bei einem Anstieg auch positive Wirkungen auf die logarithmierten Einspielergebnisse mit sich bringt. Erhöht sich z.B. die Anzahl der Skandale um eine Einheit, so erhöht sich das logarithmierte Einspielergebnis um b = 0,288 Einheiten. Variablen wie der Box Office USA oder die Produktionskosten leisten einen sehr viel höheren Erklärungsbeitrag.[200]

Der Versuch, die vier Variablen Anzahl Hits, Anzahl Skandale, Skandalschauspieler und das Vorhandenseins eines Skandals auf Filme aus den USA anzuwenden und Regressionsgleichungen zu schätzen, schlug aufgrund nichtsignifikanter Ergebnisse für alle vier Variablen fehl. Auch eine Regressionsanalyse nur bezogen auf Skandalfilme brachte keine neuen Erkenntnisse.[201]

Wird jedoch die Anzahl der Kopien als abhängige Variable betrachtet, zeigt Tabelle 27, dass hier zwar höhere, aber immer noch geringe, Bestimmtheitsmaße als bei Einspielergebnissen als abhängige Variable vorliegen. Jedoch sind die Werte für die Variablen Anzahl Hits und Anzahl Skandale, Skandalschauspieler und das Vorhandensein eines Skandal allesamt hoch signifikant. Beson-

---
[198] Vgl. Backhaus / Erichson / Plinke / Weiber, 2003, S. 68 ff.
[199] Koeff. = Koeffizient; Var. = Variable; Konst. = Konstante.
[200] Aufgrund des Schwerpunktes auf Skandalvariablen finden sich Ergebnisse zu den übrigen Variablen im Anhang A-11 wieder.
[201] Die Ergebnisse dazu finden sich in den Anhängen A-12 und A-13.

ders die Variablen Anzahl der Skandalschauspieler und ob ein Skandal vorhanden ist oder nicht weisen die höchsten Erklärungsbeiträge auf. Auch hier wurde die Varianzgleichheit mittels des Levens-Tests überprüft (SN = 0,162), mit dem Ergebnis, dass nur vorsichtige Interpretationen der Ergebnisse erlaubt sind.

Tabelle 27: Einfache Regressionen alle Filme, abh. Variable Anzahl der Kopien ln

Unabhängige Variable x	Koeff. b	SN Var. x	Konst. a	SN Konst. a	R^2	Adjustiertes R^2	n
Anzahl Hits	0,146	0,000	4,879	0,000	0,043	0,041	411
Anzahl Skandale	0,218	0,000	4,865	0,000	0,047	0,045	411
Anzahl Skandalschauspieler im Film	0,477	0,000	4,822	0,000	0,066	0,063	411
Skandal Ja oder Nein	0,783	0,000	4,773	0,000	0,092	0,090	411

Quelle: eigene Darstellung.

Werden nun die Schauspieler als Bezugspunkt genommen, wird als abhängige Variable das Durchschnitts-Einspielergebnis herangezogen. Auch hier wurde der Durchschnitts-Box Office logarithmiert und zusätzliche Regressionsanalysen durchgeführt. Die Ergebnisse finden sich in Tabelle 28.

Tabelle 28: Einfache Regressionen alle Schauspieler, abh. Variable BO ln

Unabhängige Variable x	Koeff. b	SN Var. x	Konst. a	SN Konst. a	R^2	Adjustiertes R^2	n
Anzahl Skandalfilme	0,395	0,000	13,666	0,000	0,014	0,013	1025
Anzahl Filme ohne Skandal	0,437	0,000	13,182	0,000	0,032	0,031	1025
Gesamtzahl Filme	0,611	0,000	12,889	0,000	0,067	0,066	1025
Skandal Ja oder nein	0,752	0,000	13,654	0,000	0,016	0,015	1025
Anzahl Skandale	0,417	0,000	13,662	0,000	0,018	0,017	1025
Anzahl Hits	0,291	0,000	13,669	0,000	0,016	0,015	1025

Quelle: eigene Darstellung.

Alle Variablen sind hoch signifikant, jedoch sind auch hier die Bestimmtheitsmaße sehr gering. Einzig die Gesamtzahl der Filme und die Anzahl der Filme ohne Skandal kommen annähernd als Erklärungsvariablen für ein Durchschnitts-Einspielergebnis in Betracht. Interessant sind noch die Ergebnisse bezogen auf die Dummy-Variable ob ein Skandal vorhanden ist oder nicht. Ist dieser vorhanden, so erhöht sich die abhängige Variable um 0,752 Einheiten (R^2 = 0,016). Dagegen erhöht sich aber auch die abhängige Variable, wenn die Anzahl der Skandalfilme und die Anzahl der Filme ohne Skandale ansteigt, wobei die Steigung bei der Anzahl der Skandalfilme mit b = 0,395 am geringsten ist. Werden nur Skandalschauspieler betrachtet, konnten keine signifikanten Ergebnisse festgestellt werden.[202]

---

[202] Die durchgeführten Regressionen finden sich zur Vollständigkeit in Anhang A-14 und A-15.

5.6.2. Multiple lineare Regressionsanalyse

Anhand einer multiplen linearen Regression werden im Gegensatz zur einfachen Regression die Wirkungen mehrerer unabhängiger Variablen gleichzeitig auf eine abhängige Variable untersucht. Die Gleichung hat hier die Form $y = b_0 + b_1 \cdot x_1 + \ldots + b_J \cdot x_J$, wobei y wieder die abhängige Variable, b_0 die Konstante, x_j die j-te unabhängige Variable und b_j die Regressionskoeffizienten der unabhängigen Variablen darstellen. Durch plotten der abhängigen mit den jeweiligen unabhängigen Variablen konnte wiederum Nicht-Linearität festgestellt werden, sodass auch hier die abhängige Variablen, die Einspielergebnisse und die Anzahl der maximalen Kopien, logarithmiert wurden. Die übrigen Modellprämissen wurden wiederrum mittels PASW überprüft.[203] Tabelle 29 zeigt einige Modelle, wenn die signifikanten Variablen aus Kapitel 5.6.1. für multiple Regressionen verwendet werden.

Tabelle 29: Multiple Regressionen Box Office alle Filme

	Koeff. b_j	SN	Koeff. b_j	SN	Koeff. b_j	SN
Konstante	13,467	0,000	13,534	0,000	12,852	0,000
Skandal ja oder Nein	1,194	0,008				
Anzahl Skandalschauspieler	-0,266	0,412				
Anzahl Skandale			-0,056	0,721		
Anzahl Skandalschauspieler			0,601	0,037		
Produktionsbudget					-3,566E-9	0,086
Marketingbudget					3,023E-9	0,002
BO USA					3,483E-9	0,004
Anzahl Kopien					0,003	0,000
R²	0,048		0,032		0,760	
Adjustiertes R²	0,043		0,027		0,701	

Quelle: eigene Darstellung.

Innerhalb der ersten beiden dargestellten Regressionsmodelle werden nur Skandalvariablen als Erklärungsvariablen benutzt. Zwar sind die Gesamtmodelle an sich signifikant (SN ANOVA = 0,000 bzw. 0,001) und leisten einen Erklärungsbeitrag (R² = 0,048 und 0,032), jedoch zeigten sich bei der Variable Anzahl der Skandalschauspieler je nach Modell erhebliche Unterschiede bei der Signifikanz (SN = 0,412 und SN = 0,037). Auffällig ist zudem, dass der Koeffizient der Variable Anzahl der Skandalschauspieler jeweils positiv und negativ ist. Anhand der zweiten Gleichung wird deutlich, dass wenn die Anzahl der Skandalschauspieler in einem Film um eine Einheit (einen Skandalträ-

---

[203] Einige Prämissen, wie keine Autokorrelation oder Homoskedastizität, wurden jedoch teilweise verletzt, was generell nur vorsichtige Ergebnisinterpretationen zulässt. Die jeweiligen Berechnungen zu allen Regressionsgleichungen finden sich in den Anhängen A-16 bis A-23.

ger) steigt, sich der logarithmierte Box Office z.B. um b = 0,601 Einheiten erhöht. In der ersten Gleichung erhöht sich der logarithmierte Box Office um b = 1,194 Einheiten, wenn ein Skandal vorhanden ist. Anscheinend wirken sich eine erhöhte Anzahl an Skandalschauspielern und ein Skandal generell innerhalb eines Films positiv auf die Einspielergebnisse aus. Die Schwankungen der Signifikanzwerte könnten auf die unterschiedliche zeitliche Verteilung der Skandaltreffer in den einzelnen Perioden zurückzuführen sein, da die einzelnen Skandalnachrichten möglicherweise von den Konsumenten mit der Zeit vergessen werden. Die Tatsache, dass es aber einen Skandal gab und wie viele Skandalträger innerhalb eines Film mitspielen, sind länger präsent. Da Modellierungsversuche mit den Perioden und einzelnen Kategorien zu keinen aussagekräftigen Ergebnissen führten, ist diese These vorsichtig zu betrachten.

Die dritte Gleichung beinhaltet verschiedene Kontrollvariablen. Der Erklärungsbeitrag ist sehr hoch (R^2 = 0,706) und die Variablen sind signifikant. Versuche, die Skandalvariablen mit den Kontrollvariablen innerhalb einer Gleichung zu modellieren, zeigten, dass die Skandalvariablen im Verhältnis zu den übrigen Variablen keine Erklärungskraft aufweisen und nicht signifikant sind.

Regressionsgleichungen mit der Anzahl der Kopien als abhängige Variable und Skandalvariablen als unabhängige Variablen zu modellieren, brachten mäßig signifikante Ergebnisse hervor. Tabelle 30 zeigt, dass die Bestimmtheitsmaße zwar marginal höher sind, als bei vorherigen Gleichungen, jedoch schwanken auch hier die Signifikanzen und Vorzeichen stark. In Kapitel 5.3. wurde gezeigt, dass die Anzahl der Kopien sehr stark mit den Einspielergebnissen korrelieren, was die ähnlichen Ergebnisse erklären könnte. Jedoch wäre es möglich, dass Skandale und in der Folge eine erhöhte Aufmerksamkeit die Filmproduzenten dazu veranlassen, höhere Anzahlen von Filmkopien auszugeben.

Tabelle 30: Multiple Regressionen Anzahl Kopien alle Filme

	Koeff. b_j	SN	Koeff. b_j	SN
Konstante	4,773	0,000	4,822	0,000
Skandal ja oder Nein	1,008	0,000		
Anzahl Skandalschauspieler	-0,180	0,378		
Anzahl Skandale			-0,028	0,775
Anzahl Skandalschauspieler			0,523	0,004
R^2	0,094		0,066	
Adjustiertes R^2	0,090		0,061	

Quelle: eigene Darstellung.

Regressionen mit dem Fokus auf Schauspieler und logarithmierten Durchschnitts-Einspielergebnissen lieferten für Skandalvariablen im Vergleich zu anderen Modellen akzeptable Ergebnisse. Tabelle 31 zeigt zwei Regressionsgleichungen, deren Gesamtmodellgüte jeweils hoch signifikant ist (SN ANOVA = 0,000). Zwar sind auch hier die Bestimmtheitsmaße relativ gering, jedoch zeigte sich, dass die Gesamtzahl der Filme eines Schauspielers und die Anzahl der Skandale bzw. das Vorhandensein eines Skandals einen signifikant positiven Einfluss auf das logarithmierte Einspielergebnis ausüben. In beiden Fällen können knapp 7 % der Varianz durch die unabhängigen Variablen erklärt werden. Modellierungsversuche mit anderen Skandalvariablen konnten darüber hinaus keinen zusätzlichen Erklärungsbeitrag liefern.

Tabelle 31: Multiple Regressionen Fokus Actor

	Koeff. b_j	SN	Koeff. b_j	SN
Konstante	12,922	0,000	12,910	0,000
Gesamtzahl Filme	0,567	0,000		
Anzahl Skandale	0,204	0,037		
Gesamtzahl Filme			0,573	0,000
Skandal ja oder Nein			0,362	0,056
R^2	0,071		0,070	
Adjustiertes R^2	0,069		0,068	

Quelle: eigene Darstellung.

Zusammenfassend kann festgehalten werden, dass innerhalb von einfachen Regressionen grundsätzlich Skandalvariablen einen geringen aber signifikanten Erklärungsbeitrag aufweisen (hervorzuheben sind insbesondere die Anzahl der Skandalträger in einem Film, sowie ob ein Skandal vorhanden ist oder nicht), jedoch verlieren die Skandalvariablen in multiplen Regressionsgleichungen mit Einspielergebnissen als abhängige Variable deutlich an Bedeutung für die Varianzerklärung. Zum Teil sind diese Skandalvariablen bei multiplen Modellen nicht mehr signifikant. Wird der Fokus auf Darsteller gelegt, zeigen sich konsistente Ergebnisse bezogen auf die Skandalvariablen. Es konnten geringe, aber durchaus positive Einflüsse von Skandalen auf die Einspielergebnisse der Darsteller nachgewiesen werden. Zudem spielt auch die Gesamtzahl der Filme eine positive Rolle. Jedoch verlieren die Skandalvariablen auch hier ihre Erklärungskraft, wenn weitere Kontrollvariablen wie Produktionkosten oder Einspielergebnisse aus anderen Ländern herangezogen werden.

6. Zusammenfassung und Ausblick

Im Rahmen der empirischen Arbeit sollte anhand der Einspielergebnisse von Filmproduktionen ein möglicher ökonomischer Einfluss negativer Berichterstattung untersucht werden. Eine negative Berichterstattung wurde dabei anhand Pressemeldungen zu mitwirkenden Schauspielern der Filme erhoben.

Zur theoretischen Modellierung wurde zunächst das Konzept einer Marke Mensch erarbeitet. Es wurde gezeigt, dass sich klassische Markenführungskonzepte teilweise auf Menschen übertragen lassen. In Verbindung mit Beziehungstheorien, welche über eine klassische Sichtweise des Relationship Management hinausgehen, konnte ein Human Brand Konzept erarbeitet werden. Diese Menschen als Marken sind der medialen Öffentlichkeit im hohen Maße ausgesetzt. Für die empirische Analyse wurde dieses Konzept auf Schauspieler und sog. Stars übertragen. Anhand grundlegender Theorien innerhalb der Starforschung konnte deutlich gemacht werden, dass einige wenige Stars sich von der breiten Masse der Schauspieler deutlich abheben und aufgrund Ihres Namens, oder auch im Rahmen der Human Brand Theorie ihrer eigenen Marke, hohe Einkommenspositionen in ihrer Branche einnehmen. Zudem wurde gezeigt, dass Stars wirtschaftliche und sozialtheoretische Funktionen ausüben.

In einem zweiten theoretischen Kapitel wurde gezeigt, wie negative Meldungen über Personen entstehen, wann diese Nachrichten zu einem Skandal werden und welche Schritte innerhalb dieser Skandalberichterstattung ablaufen. Zudem wurde dargestellt, welche Akteure an einem Skandalprozess beteiligt sind und mögliche Folgen aufgezeigt. Als Kern kann festgehalten werden, dass nicht jeder Missstand gleichzeitig zu einem Skandal wird, sondern erst die Sichtweise des Skandalierers und die Veröffentlichung des Misstands diesen zu einem Skandal werden lassen können. Zudem ist die mediale Öffentlichkeit, innerhalb derer negative Meldungen publiziert werden, ein entscheidender Faktor für die Entwicklung und Folgen eines Skandals.

Zur Klärung der Frage nach möglichen ökonomischen Auswirkungen negativer Berichterstattung folgte nun die empirische Analyse. Es zeigte sich, dass in mehr als einem Viertel der betrachteten Filme Schauspieler mit Skandalen mitwirken und insgesamt knapp 9 % aller Schauspieler mit mindestens einem Skandal behaftet sind. Werden nur US-Produktionen betrachtet, so wirken in 38 % der Filme Skandalschauspieler mit. Obwohl die Spannweite der Anzahl der Skandale und Treffer bezogen auf Filme und Schauspieler relativ groß ist, konnte gezeigt werden, dass grundsätzlich alle Ergebnisse der Stichprobe auch auf die Grundgesamtheit übertragbar sind.

Weitere Analysen ergaben einerseits Zusammenhänge zwischen dem Auftreten eines Skandals und dem Produktionsland und andererseits zwischen den Skandalkategorien und dem Geschlecht. Eine Betrachtung der Kreuztabellen lässt vermuten, dass Filme aus den USA eher mit Skandalträgern behaftet sind als andere Filme. Dies wurde anhand einer Varianzanalyse bestätigt. Eine mögliche Erklärung könnte das dortige ausgeprägte Startum sein, sodass eine potentielle Berichterstattung über einen Skandal eine höhere Wahrscheinlichkeit hat, als z.B. von deutschen Schauspielern.[204] Bei den inhaltlichen Kategorien hat es den Anschein, dass Berichte über Drogen und Alkohol eher männliche Darsteller betreffen und andererseits ein unzüchtiges Verhalten eher von weiblichen Darstellern ausgeht.

Anhand von Korrelationsanalysen konnte in einem weiteren Schritt ermittelt werden, dass sowohl die Anzahl der Skandale bzw. Hits als auch die Anzahl der Skandalträger in einem Film mit einer hohen Signifikanz positiv mit den Einspielergebnissen und der Anzahl der Kopien korrelieren. Zudem konnte in einer detaillierten Analyse festgestellt werden, dass die signifikantesten Korrelationen bei einigen Kategorien jeweils mit der Anzahl der Kopien bestehen. Korrelationen mit dem Einspielergebnis bestehen für die aufgezählten Kategorien und Perioden zwar auch, jedoch sind diese weniger signifikant. Analysen bezogen auf Schauspieler zeigten zudem, dass die Variablen Anzahl der Filme ohne Skandale und Anzahl der Skandalfilme positiv mit dem Box Office

---

[204] Vgl. hierzu die Ergebnisse aus Kapitel 2.3.4.

korrelieren, jedoch sind die Korrelationen mit der Anzahl ohne Skandale stärker.

Regressionsanalysen konnten grundsätzlich einen schwach positiven Zusammenhang zwischen Skandalvariablen den Einspielergebnissen nachweisen, jedoch sind die Erklärungsbeiträge äußerst gering und in Verbindung mit weiteren Regressoren nimmt die Signifikanz der Skandalvariablen deutlich ab. Dennoch scheinen aber das Vorhandensein eines Skandals und die Anzahl der Skandalträger in einem Film einen geringen aber positiven Einfluss auf Einspielergebnisse zu haben. In Verbindung mit Korrelationsanalysen führt eine zu große Anzahl an Skandalen aber möglicherweise zu negative Auswirkungen. Eine lineare Modellierung der Zusammenhänge und Assoziationen scheint demnach nicht als Erklärung ausreichend zu sein. Alle Ergebnisse sind zudem aufgrund der teilweise verletzten Modellprämissen und sehr niedrigen Erklärungsbeiträge nur sehr vorsichtig zu interpretieren. Auch ist deutlich geworden, dass Variablen wie das Marketingbudget oder die Einspielergebnisse aus den USA deutlich stärker die Einspielergebnisse in Deutschland erklären können.

Darüber hinaus wurde nur ein sehr kurzer Zeitraum betrachtet. Entsprechende Untersuchungen zu Langzeitwirkungen negativer Berichterstattung stellen demnach zukünftige interessante Forschungsbereiche dar. Einerseits könnte so der komplette Skandalzyklus abgedeckt und andererseits auch Folgewirkungen für die Skandalschauspieler untersucht werden. Dies wäre insofern ein interessanter Aspekt, da einige Schauspieler trotz anhaltender negativer medialer Berichterstattung dennoch langfristig hohe Positionen diverser Rankings einnehmen, andere jedoch keine Wertschätzung und Filmangebote mehr erhalten.[205]

Neben möglichen Langzeitwirkungen ist zudem die Frage zu klären, ob inhaltlich unterschiedliche Meldungen auch unterschiedliche Grade der Empörung auslösen, was wiederum zu unterschiedlichen Kosumentenentscheidungen führen könnte. Auch der Differenzierung eines inszenierten und einem nichtinszeniertem Skandals und den Folgen daraus sollte nachgegangen werden.

---

[205] Tom Cruise und Mel Gibson; Vgl. Forbes Online, http://www.forbes.com/lists/, 04.12.2010, Celebrity 100 Listen 2007 – 2010; Vgl. Welt Online, http://www.welt.de/ vermischtes/article1526526/Tom_Cruise_steuert_angeblich_Scientology.html, 04.12.2010; Vgl. Spiegel Online, http://www.spiegel.de/panorama/leute/0,1518,724569,00.html, 04.12.2010.

Trotz aller noch offenen Fragegestellungen kann dennoch gefolgert werden, dass eine negative Berichterstattung eine erhöhte mediale Aufmerksamkeit in der Öffentlichkeit bewirken kann. Diese mediale Aufmerksamkeit könnte bei Konsumenten dazu führen, dass diese Schauspieler länger und besser im Gedächtnis verankert werden und sich dementsprechend die Wahrscheinlichkeit erhöht, einen Kinofilm mit eben jenem Darsteller zu besuchen. Negative Nachrichten können demnach geringe positive ökonomische Auswirkungen nach sich ziehen. Negative Wirkungen wurden direkt nicht festgestellt. Wie und ob diese Ergebnisse sich auf andere Bereiche, wie z.B. Unternehmen oder dem Sportbereich, übertragen lassen, müssen weitere Untersuchungen zeigen.

Anhang

Anhang A-1:
Codierungsmatrix PASW

Tabelle 32: Codierungsmatrix für PASW Statistics

Ursprungsvariable	Wert	Wertelabel
Geschlecht	1	Männlich
	0	Weiblich
SkandalJaNein	1	Skandal vorhanden
	0	kein Skandal vorhanden
K1JaNein	1	Skandal Kategorie 1 vorhanden
	0	kein Skandal Kategorie 1 vorhanden
K2JaNein	1	Skandal Kategorie 2 vorhanden
	0	kein Skandal Kategorie 2 vorhanden
K3JaNein	1	Skandal Kategorie 3 vorhanden
	0	kein Skandal Kategorie 3 vorhanden
K4JaNein	1	Skandal Kategorie 4 vorhanden
	0	kein Skandal Kategorie 4 vorhanden
K5JaNein	1	Skandal Kategorie 5 vorhanden
	0	kein Skandal Kategorie 5 vorhanden
K6JaNein	1	Skandal Kategorie 6 vorhanden
	0	kein Skandal Kategorie 6 vorhanden
P1JaNein	1	Skandal in Periode 1 vorhanden
	0	kein Skandal in Periode 1 vorhanden
P2JaNein	1	Skandal in Periode 2 vorhanden
	0	kein Skandal in Periode 2 vorhanden
P3JaNein	1	Skandal in Periode 3 vorhanden
	0	kein Skandal in Periode 3 vorhanden
P4JaNein	1	Skandal in Periode 4 vorhanden
	0	kein Skandal in Periode 4 vorhanden
P5JaNein	1	Skandal in Periode 5 vorhanden
	0	kein Skandal in Periode 5 vorhanden
P6JaNein	1	Skandal in Periode 6 vorhanden
	0	kein Skandal in Periode 6 vorhanden
SkandalintervallFilm	0	kein Skandal vorhanden
	1	1 – 3 Skandale vorhanden
	2	4 – 8 Skandale vorhanden
TrefferintervallFilm	0	kein Treffer vorhanden
	1	1 – 5 Treffer vorhanden
	2	6 – 13 Treffer vorhanden
SkandalintervallActor	0	kein Skandal vorhanden
	1	1 – 2 Skandale vorhanden
	2	3 – 6 Skandale vorhanden

TrefferintervallActor	0	kein Treffer vorhanden
	1	1 – 2 Treffer vorhanden
	2	3 – 9 Treffer vorhanden
Produktionsland	1	USA
	2	Deutschland
	3	Großbritannien
	4	Frankreich
	5	Kanada
	6	Österreich
	7	Spanien
	8	Türkei
	9	Argentinien
	10	Australien
	11	Dänemark
	12	Italien
	13	Japan
	14	Neuseeland
	15	Mexiko
	16	Niederlande
	17	Norwegen
	18	Schweden
	19	Schweiz
	20	Südafrika
	21	Südkorea
	22	Tschechien
	23	Ungarn
	24	Afghanistan
	25	Brasilien
	26	China
	27	Finnland
	28	Hongkong
	29	Iran
	30	Irland
	31	Island
	32	Israel
	33	Palästina
	34	Russland
	35	Senegal
	36	Thailand
DummyUSA	1	Produktionsland USA
	0	anderes Produktionsland
DummyBRD	1	Produktionsland BRD
	0	anderes Produktionsland
DummyEnglisch	1	Produktionsland englischsprachig

	0	anderes Produktionsland
DummyRest	1	Produktionsland sonstige Länder
	0	anderes Produktionsland (USA, BRD, englischsprachig)

Quelle: eigene Darstellung.

Anhang A-2:

Schematische Übersichten der Analyseperspektiven

Abbildung 5: Schematische Übersicht Analyseperspektive Film

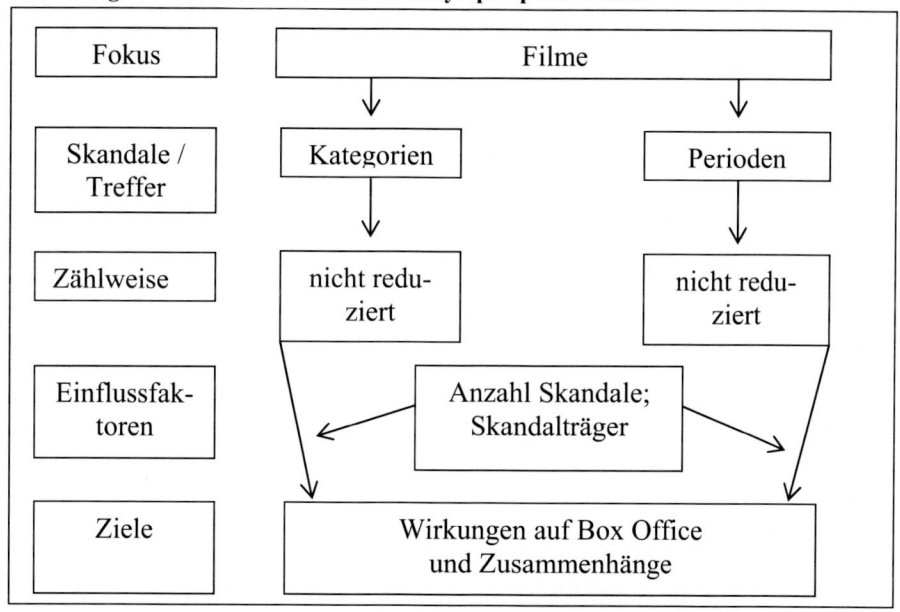

```
Fokus              →    Filme
                        ↓        ↓
Skandale /              Kategorien   Perioden
Treffer                 ↓        ↓
Zählweise               nicht redu-  nicht redu-
                        ziert        ziert
Einflussfak-            Anzahl Skandale;
toren                   Skandalträger
                        ↓        ↓
Ziele                   Wirkungen auf Box Office
                        und Zusammenhänge
```

Quelle: eigene Darstellung.

Abbildung 6: Schematische Übersicht Analyseperspektive Schauspieler

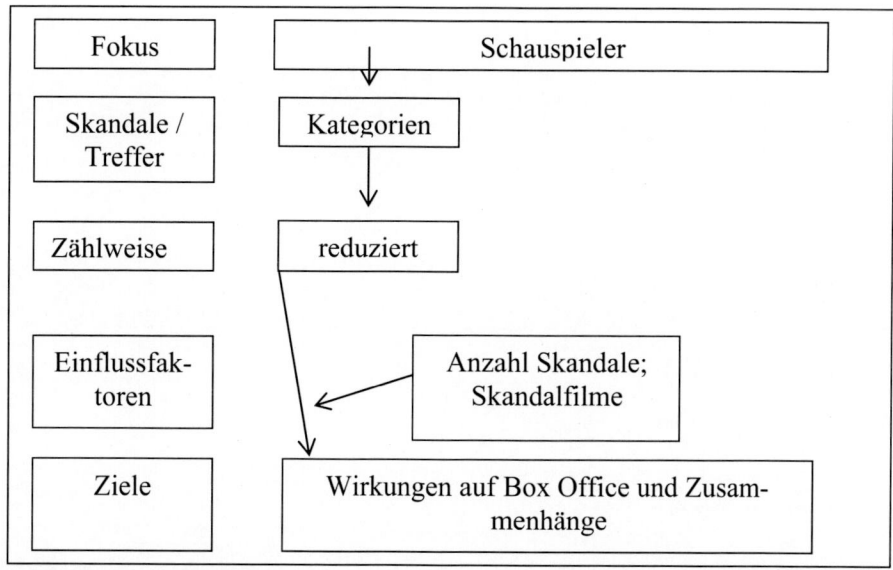

```
Fokus              →    Schauspieler
                        ↓
Skandale /              Kategorien
Treffer                 ↓
Zählweise               reduziert
Einflussfak-            Anzahl Skandale;
toren                   Skandalfilme
                        ↓
Ziele                   Wirkungen auf Box Office und Zusam-
                        menhänge
```

Quelle: eigene Darstellung.

Anhang A-3:

Übersicht der gefunden Treffer im Internet

Tabelle 33: Übersicht Skandaltreffer im Internet

Nr.	Internetadresse	Zugriffsdatum
1	http://www.spiegel.de/kultur/kino/0,1518,188796,00.html	04.12.2010
2	http://www.spiegel.de/kultur/kino/0,1518,234570,00.html	04.12.2010
3	http://www.cinema.de/kino/news-und-specials/news/die-schlechtesten-schauspieler-2004-goldene-himbeere-2005,3144880,ApplicationArticle.html	04.12.2010
4	http://news.search.ch/vermischtes/2003-09-26/kirk-douglas-war-kein-super-vater	04.12.2010
5	http://www.cinema.de/stars/star/john-travol-ta,1562819,ApplicationStar.html?tab=Interview&article=3125222	04.12.2010
6	http://www.faz.net/s/RubCC21B04EE95145B3AC877C874FB1B611/Doc~EAF31E87508014BBC99542A3A07712B3B~ATpl~Ecommon~Scontent.html	04.12.2010
7	http://www.genios.de/r_googlearchiv/landing.html?START=CN0&DOKV_DB=bern&DOKV_NO=NC2003090400708&T_TEMPLATE=googlearchiv&ZG_PORTAL=news_archiv_vor	04.12.2010
8	http://www.genios.de/r_googlearchiv/landing.html?START=CN0&DOKV_DB=bz&DOKV_NO=10301089&T_TEMPLATE=googlearchiv&ZG_PORTAL=news_archiv_vor	04.12.2010
9	http://www.genios.de/r_googlearchiv/landing.html?START=CN0&DOKV_DB=bz&DOKV_NO=200102094444348744744578&T_TEMPLATE=googlearchiv&ZG_PORTAL=news_archiv_vor	04.12.2010
10	http://www.genios.de/r_googlearchiv/landing.html?START=CN0&DOKV_DB=bz&DOKV_NO=200201025606440273844844&T_TEMPLATE=googlearchiv&ZG_PORTAL=news_archiv_vor	04.12.2010
11	http://www.genios.de/r_googlearchiv/landing.html?START=CN0&DOKV_DB=bz&DOKV_NO=200301104006444843427450&T_TEMPLATE=googlearchiv&ZG_PORTAL=news_archiv_vor	04.12.2010
12	http://www.genios.de/r_googlearchiv/landing.html?START=CN0&DOKV_DB=bz&DOKV_NO=7BFE325D4770CC84734F7DB510672E22&T_TEMPLATE=googlearchiv&ZG_PORTAL=news_archiv_vor	04.12.2010
13	http://www.genios.de/r_googlearchiv/landing.html?START=CN0&DOKV_DB=fnp&DOKV_NO=9800AAD60701B9561FAC5E4696B184B3&T_TEMPLATE=googlearchiv&ZG_PORTAL=news_archiv_vor	04.12.2010
14	http://www.genios.de/r_googlearchiv/landing.html?START=CN0&DOKV_DB=idzl&DOKV_NO=10077904900010500984&T_TEMPLATE=googlearchiv&ZG_PORTAL=news_archiv_vor	04.12.2010
15	http://www.genios.de/r_googlearchiv/landing.html?START=CN0&DOKV_DB=idzl&DOKV_NO=10333730500010559736&T_TEMPLATE=googlearchiv&ZG_PORTAL=news_archiv_vor	04.12.2010
16	http://www.genios.de/r_googlearchiv/landing.html?START=CN0&DOKV_DB=idzl&DOKV_NO=10435974500010584792&T_TEMPLATE=googlearchiv&ZG_PORTAL=news_archiv_vor	04.12.2010
17	http://www.heise.de/tp/r4/artikel/11/11161/1.html	04.12.2010
18	http://www.hiphop.de/magazin/news/detail/2002/12/29/oohweee-master-p-muss-blechen/	04.12.2010
19	http://www.hiphop.de/magazin/news/detail/2003/01/30/50-cent-und-ja-rule-beef-zu-ende/	04.12.2010
20	http://www.jesus.ch/index.php/D/article/115-film/9934-Mel_Gibson_findet_keine_Verleihfirma_fuer_Jesus-Film/	04.12.2010
21	http://www.just4fun-maga-zin.de/news/oscargewinnerin_halle_berry+_ehe_kaputt.html	04.12.2010
22	http://www.kino.de/news/connery-habe-ueber-3-7-mio-pfund-	04.12.2010

	gezahlt/130040.html	
23	http://www.kino.de/news/halle-berry-aerger-mit-tierschuet-zern/movienews/148216.html?quelle=channelfooter&channel=kino	04.12.2010
24	http://www.kino.de/news/jen-ben-vor-dem-aus/138274.html	04.12.2010
25	http://www.kino.de/news/julia-roberts-auf-der-anklage-bank/movienews/147608.html?quelle=channelfooter&channel=kino	04.12.2010
26	http://www.kino.de/news/krallte-sich-jolie-kylies-mann/137525.html	04.12.2010
27	http://www.kino.de/news/neve-campbell-vor-dem-finanziellen-ru-in/movienews/147142.html?quelle=channelfooter&channel=kino	04.12.2010
28	http://www.kino.de/news/nie-mehr-alkohol/135856.html	04.12.2010
29	http://www.kino.de/news/photos-von-moore-und-kutcher-verschwun-den/movienews/154565.html?quelle=channelfooter&channel=kino	04.12.2010
30	http://www.kino.de/news/plakat-po-und-kein-ende/115356.html	04.12.2010
31	http://www.kino.de/news/russell-crowe-macht-alkohol-pause/143192.html	04.12.2010
32	http://www.kino.de/news/sharon-stone-als-lesbe-ausgebootet/119808.html	04.12.2010
33	http://www.kino.de/news/skerrit-verklagt-potenzmittelhersteller/135625.html	04.12.2010
34	http://www.kino.de/news/tara-reid-schiesst-gegen-colin-farrell/137523.html	04.12.2010
35	http://www.laut.de/Eminem/Affaere-mit-Kim-Basinger/16-11-2001	04.12.2010
36	http://www.laut.de/Eminem/Bald-wieder-vor-Gericht/02-04-2002	04.12.2010
37	http://www.laut.de/vorlaut/news/2003/08/04/05228/	04.12.2010
38	http://www.laut.de/vorlaut/news/2003/08/21/05409/	04.12.2010
39	http://www.mediabiz.de/film/news/adam-sandler-kleinstadt-sauer-auf-sein-neues-filmprojekt/98211	04.12.2010
40	http://www.mediabiz.de/film/news/angelina-jolie-auf-dem-elektrischen-stuhl/97366	04.12.2010
41	http://www.mediabiz.de/film/news/ben-affleck-attackiert-briten/96132	04.12.2010
42	http://www.mediabiz.de/film/news/ben-affleck-macht-ne-pause/99938	04.12.2010
43	http://www.mediabiz.de/film/news/ben-affleck-trocken-dank-kumpel-matt/102177	04.12.2010
44	http://www.mediabiz.de/film/news/christina-applegate-sommerloch-opfer/98102	04.12.2010
45	http://www.mediabiz.de/film/news/clooney-und-zellweger-ein-paar/102480	04.12.2010
46	http://www.mediabiz.de/film/news/de-niro-muss-zum-psychiater/98996	04.12.2010
47	http://www.mediabiz.de/film/news/diesel-and-rodriguez-ein-paar/97957	04.12.2010
48	http://www.mediabiz.de/film/news/ehemalige-geschaeftspartnerin-verklagt-alec-baldwin/138911	04.12.2010
49	http://www.mediabiz.de/film/news/ewan-mcgregor-affaere-mit-nicole-kidman/94753	04.12.2010
50	http://www.mediabiz.de/film/news/george-clooney-j-lo-kann-nicht-kuessen/95317	04.12.2010
51	http://www.mediabiz.de/film/news/getrennte-wege-fuer-cruise-	04.12.2010

	und-kidman/99695	
52	http://www.mediabiz.de/film/news/graham-und-ledger-getrennt/96869	04.12.2010
53	http://www.mediabiz.de/film/news/groupie-bringt-die-stars-ins-schwitzen/99759	04.12.2010
54	http://www.mediabiz.de/film/news/gwyneth-gemein-und-durchtrieben/100919	04.12.2010
55	http://www.mediabiz.de/film/news/gwyneth-paltrow-zeigt-ihren-nackten-hintern/102850	04.12.2010
56	http://www.mediabiz.de/film/news/haben-sich-cameron-diaz-und-jared-leto-getrennt/95971	04.12.2010
57	http://www.mediabiz.de/film/news/heather-graham-und-heath-ledger-haben-sich-getrennt/96992	04.12.2010
58	http://www.mediabiz.de/film/news/hilary-swank-karriere-statt-baby/101492	04.12.2010
59	http://www.mediabiz.de/film/news/hugh-grant-stockbesoffen-im-fotostudio/94244	04.12.2010
60	http://www.mediabiz.de/film/news/jack-nicholson-nicht-zum-gen-test-bereit/101424	04.12.2010
61	http://www.mediabiz.de/film/news/james-cromwell-bei-tierrechtsdemo-verhaftet/98044	04.12.2010
62	http://www.mediabiz.de/film/news/julia-roberts-packt-aus/98307	04.12.2010
63	http://www.mediabiz.de/film/news/julia-roberts-und-benjamin-bratt-trennung/97791	04.12.2010
64	http://www.mediabiz.de/film/news/julia-roberts-wieder-solo/90755	04.12.2010
65	http://www.mediabiz.de/film/news/kate-hudson-auf-der-anklagebank/100378	04.12.2010
66	http://www.mediabiz.de/film/news/kelly-preston-clean-durch-scientology/93748	04.12.2010
67	http://www.mediabiz.de/film/news/nicolas-cage-will-schon-wieder-heiraten/97137	04.12.2010
68	http://www.mediabiz.de/film/news/nicole-beschuldigt-tom-geld-zu-verheimlichen/101496	04.12.2010
69	http://www.mediabiz.de/film/news/nicole-macht-einen-rueckzieher/103004	04.12.2010
70	http://www.mediabiz.de/film/news/paltrow-hilft-affleck-bei-der-therapie/102939	04.12.2010
71	http://www.mediabiz.de/film/news/paltrow-macht-sich-feinde-auf-mallorca/98656	04.12.2010
72	http://www.mediabiz.de/film/news/rachel-weisz-spricht-mit-elvis-presley/95829	04.12.2010
73	http://www.mediabiz.de/film/news/robert-de-niro-pruegel-von-der-ehefrau/98429	04.12.2010
74	http://www.mediabiz.de/film/news/russell-crowe-erst-kidman-jetzt-graham/98427	04.12.2010
75	http://www.mediabiz.de/film/news/sexvideo-erzuernt-jennifer-lopez/96558	04.12.2010
76	http://www.mediabiz.de/film/news/tara-reid-in-erklaerungsnoeten/98942	04.12.2010
77	http://www.mediabiz.de/film/news/tara-reid-langfinger-am-set/99574	04.12.2010
78	http://www.mediabiz.de/film/news/titanic-kate-ehe-gescheitert/101098	04.12.2010
79	http://www.mediabiz.de/film/news/tom-cruise-teilt-nicht-mit-nicole/98217	04.12.2010
80	http://www.mediabiz.de/film/news/tom-cruise-wetzt-die-messer/99376	04.12.2010
81	http://www.mediabiz.de/film/news/wahlberg-knutscht-mit-winona-ryder/100033	04.12.2010
82	http://www.mediabiz.de/film/news/winslets-scheidungs-eile-	04.12.2010

	schockt-ehemann/102395	
83	http://www.mediabiz.de/musik/news/abspiel-probleme-bei-kopiergeschuetzter-natalie-imbruglia-cd/105166	04.12.2010
84	http://www.mediabiz.de/musik/news/courtney-love-will-gerichtsakten-schliessen/121237	04.12.2010
85	http://www.mediabiz.de/video/news/kate-hudson-verklagt-assistentin/100034	04.12.2010
86	http://www.mediabiz.de/video/news/wegen-nacktszenen-vor-den-kadi/140146	04.12.2010
87	http://www.mz-web.de/servlet/ContentServer?pagename=ksta/page&atype=ksArtikel&aid=1064316065337&openMenu=1013083806405&calledPageId=1013083806405&listid=1018881578737	04.12.2010
88	http://www.netzeitung.de/default/192423.html	04.12.2010
89	http://www.netzeitung.de/entertainment/movie/183825.html?Po-Poster_von_Ali_G._verboten	04.12.2010
90	http://www.netzeitung.de/entertainment/people/195492.html?Schauspielerin_Monica_Bellucci_trennt_sich_von_ihrem_Mann	04.12.2010
91	http://www.netzeitung.de/entertainment/people/198808.html?Geruechte_um_ersten_Ehekrach_bei_Julia_Roberts	04.12.2010
92	http://www.netzeitung.de/entertainment/people/230200.html	04.12.2010
93	http://www.netzeitung.de/entertainment/people/244830.html	04.12.2010
94	http://www.netzeitung.de/entertainment/people/246845.html	04.12.2010
95	http://www.netzeitung.de/entertainment/people/247486.html	04.12.2010
96	http://www.netzeitung.de/entertainment/people/274524.html?Sibel_Kekilli:_Ich_war_jung_und_brauchte_Geld	04.12.2010
97	http://www.netzeitung.de/entertainment/people/277557.html	04.12.2010
98	http://www.news.at/articles/0110/40/10157/krach-nicole-kidman-tom-cruise?_ult_url_params=sec%3Dsrp%26slk%3Dweb%26cpos%3D%26pos%3D8%26concept%3Dstandard%26query%3Dtom%2Bcruise%2Bnicole%2Bkidman%2Bfilme%26cbid%3D	04.12.2010
99	http://www.news.at/articles/0118/40/13312/hugh-grant-sex	04.12.2010
100	http://www.news.at/articles/0118/40/13486/super-star-milliardenklage	04.12.2010
101	http://www.news.at/articles/0120/40/14054/gibt-sex-video	04.12.2010
102	http://www.news.at/articles/0122/40/15087/angelina-jolie-billy-bob-thornton-blut	04.12.2010
103	http://www.news.at/articles/0127/203/16962/trennung-kinderwunsch	04.12.2010
104	http://www.news.at/articles/0131/40/18470/ihr-ex-mann	04.12.2010
105	http://www.news.at/articles/0140/40/21747/funkenflug-kim-eminems-honigtoepfchen	04.12.2010
106	http://www.news.at/articles/0143/40/23245/spezial-meg-ryan-ist-40	04.12.2010
107	http://www.news.at/articles/0146/40/24313/zwischen-schenkeln-nicole	04.12.2010
108	http://www.news.at/articles/0318/542/55906/mehr-40-hollywood-stars-schwarzer-liste	04.12.2010
109	http://www.ots.at/presseaussendung/OTS_20040212_OTS0030/charlie-sheen-ich-war-einsam-und-auf-drogen	04.12.2010
110	http://www.presseportal.de/story.htx?nr=468418	04.12.2010
111	http://www.presseportal.de/story.htx?nr=505816	04.12.2010
112	http://www.rp-online.de/kultur/film/Baldwin-und-Basinger-legen-Sorgerechtsstreit-bei_aid_38923.html	04.12.2010
113	http://www.rp-online.de/panorama/Mit-Hollywoodstars-in-die-Selbsthilfegruppe_aid_287528.html	04.12.2010
114	http://www.rp-online.de/panorama/Tom-Cruise-feiert-Geburtstag-von-Scientology_aid_287393.html	04.12.2010
115	http://www.rtv.de/content_detailansicht.php?content_id=374	04.12.2010

116	http://www.rtv.de/content_detailansicht.php?content_id=546	04.12.2010
117	http://www.rtv.de/content_detailansicht.php?content_id=708	04.12.2010
118	http://www.schwaebische.de/archiv_artikel,-Jennifer-Lopez-und-Ben-Affleck-offenbar-kein-Paar-mehr-_arid,917087.html	04.12.2010
119	http://www.schwaebische.de/archiv_artikel,-Sadie-Frost-laesst-sich-in-70-Sekunden-von-Jude-Law-scheiden-_arid,959074.html	04.12.2010
120	http://www.shortnews.de/id/270289/Eminem-Die-Aussies-sind-empoert	04.12.2010
121	http://www.shortnews.de/id/319976/Gwyneth-Paltrow-wurde-reingelegt-Aktfoto-wird-veroeffentlicht	04.12.2010
122	http://www.shortnews.de/id/378221/Ist-Winona-Ryder-lesbisch	04.12.2010
123	http://www.shortnews.de/id/397522/Bruce-Willis-verspielt-kleines-Vemoegen	04.12.2010
124	http://www.spiegel.de/jahreschronik/0,1518,224774,00.html	04.12.2010
125	http://www.spiegel.de/kultur/kino/0,1518,148496,00.html	04.12.2010
126	http://www.spiegel.de/kultur/kino/0,1518,184951,00.html	04.12.2010
127	http://www.spiegel.de/kultur/kino/0,1518,241760,00.html	04.12.2010
128	http://www.spiegel.de/kultur/kino/0,1518,242879,00.html	04.12.2010
129	http://www.spiegel.de/kultur/kino/0,1518,286740,00.html	04.12.2010
130	http://www.spiegel.de/kultur/kino/0,1518,287192,00.html	04.12.2010
131	http://www.spiegel.de/kultur/kino/0,1518,289877,00.html	04.12.2010
132	http://www.spiegel.de/netzwelt/web/0,1518,205232,00.html	04.12.2010
133	http://www.spiegel.de/panorama/0,1518,116040,00.html	04.12.2010
134	http://www.spiegel.de/panorama/0,1518,116449,00.html	04.12.2010
135	http://www.spiegel.de/panorama/0,1518,134044,00.html	04.12.2010
136	http://www.spiegel.de/panorama/0,1518,135080,00.html	04.12.2010
137	http://www.spiegel.de/panorama/0,1518,142885,00.html	04.12.2010
138	http://www.spiegel.de/panorama/0,1518,151742,00.html	04.12.2010
139	http://www.spiegel.de/panorama/0,1518,167934,00.html	04.12.2010
140	http://www.spiegel.de/panorama/0,1518,172642,00.html	04.12.2010
141	http://www.spiegel.de/panorama/0,1518,174722,00.html	04.12.2010
142	http://www.spiegel.de/panorama/0,1518,176507,00.html	04.12.2010
143	http://www.spiegel.de/panorama/0,1518,178140,00.html	04.12.2010
144	http://www.spiegel.de/panorama/0,1518,180500,00.html	04.12.2010
145	http://www.spiegel.de/panorama/0,1518,186754,00.html	04.12.2010
146	http://www.spiegel.de/panorama/0,1518,197895,00.html	04.12.2010
147	http://www.spiegel.de/panorama/0,1518,197986,00.html	04.12.2010
148	http://www.spiegel.de/panorama/0,1518,199404,00.html	04.12.2010
149	http://www.spiegel.de/panorama/0,1518,202650,00.html	04.12.2010
150	http://www.spiegel.de/panorama/0,1518,205738,00.html	04.12.2010
151	http://www.spiegel.de/panorama/0,1518,215420,00.html	04.12.2010
152	http://www.spiegel.de/panorama/0,1518,219617,00.html	04.12.2010
153	http://www.spiegel.de/panorama/0,1518,224543,00.html	04.12.2010
154	http://www.spiegel.de/panorama/0,1518,234048,00.html	04.12.2010
155	http://www.spiegel.de/panorama/0,1518,243157,00.html	04.12.2010
156	http://www.spiegel.de/panorama/0,1518,245968,00.html	04.12.2010
157	http://www.spiegel.de/panorama/0,1518,251530,00.html	04.12.2010
158	http://www.spiegel.de/panorama/0,1518,261305,00.html	04.12.2010
159	http://www.spiegel.de/panorama/0,1518,265664,00.html	04.12.2010
160	http://www.spiegel.de/panorama/0,1518,268032,00.html	04.12.2010
161	http://www.stern.de/lifestyle/leute/jennifer-lopez-jlo-kehrt-zu-187puff-daddy171-zurueck-243816.html	04.12.2010
162	http://www.stern.de/lifestyle/leute/jennifer-lopez-wird-jlo-mit-ben-affleck-gluecklich-294001.html	04.12.2010
163	http://www.stern.de/lifestyle/leute/liebesleben-angelina-jolie-hatte-lesbische-beziehung-510357.html	04.12.2010
164	http://www.stern.de/lifestyle/leute/tom-cruise-scientology-sei-dank-510372.html	04.12.2010
165	http://www.stern.de/lifestyle/leute/tratsch-jennifer-lopez-wieder-single-236975.html	04.12.2010
166	http://www.stern.de/lifestyle/leute/trennung-sharon-stone-	04.12.2010

	laesst-sich-scheiden-510061.html	
167	http://www.taz.de/1/archiv/archiv/?dig=2003/11/20/a0075	04.12.2010
168	http://www.turkdunya.de/de/news/artikel.php?ide=ad2004-02-18-1111&fo=Aktuell	04.12.2010
169	http://www.welt.de/print-welt/article251660/Schauspielerin_Alexandra_Neldel_glaenzt_im_August_als_Covergirl.html	04.12.2010
170	http://www.wienweb.at/content.aspx?menu=1&cid=5171	04.12.2010
171	http://www.wienweb.at/content.aspx?menu=8&cid=13788	04.12.2010
172	http://www.wienweb.at/content.aspx?menu=8&cid=40741	04.12.2010
173	http://www.wienweb.at/content.aspx?menu=8&cid=9974	04.12.2010
174	https://www.spiegel.de/panorama/0,1518,195457,00.html	04.12.2010
175	https://www.spiegel.de/panorama/0,1518,206755,00.html	04.12.2010
176	https://www.spiegel.de/panorama/0,1518,207822,00.html	04.12.2010
177	https://www.spiegel.de/panorama/0,1518,213622,00.html	04.12.2010
178	https://www.spiegel.de/panorama/0,1518,223770,00.html	04.12.2010
179	https://www.spiegel.de/panorama/0,1518,227411,00.html	04.12.2010
180	https://www.spiegel.de/panorama/0,1518,231964,00.html	04.12.2010
181	https://www.spiegel.de/panorama/0,1518,233824,00.html	04.12.2010

Quelle: eigene Darstellung.

Anhang A-4:

Tests auf Normalverteilung

Tabelle 34: Tests auf Normalverteilung Analysevariablen

	Kolmogorov-Smirnov[a]			Shapiro-Wilk		
	Statistik	df	Signifikanz	Statistik	df	Signifikanz
Anzahl Skandale bezogen auf den Film	,414	409	,000	,533	409	,000
Anzahl Hits die Relevanz für den Film haben	,399	409	,000	,486	409	,000
Anzahl der Schauspieler mit Skandalen im Film	,441	409	,000	,584	409	,000
Besucherzahlen EDI	,297	409	,000	,544	409	,000
Anzahl max. Kopien BRD	,188	409	,000	,833	409	,000
Box Office BRD	,303	409	,000	,529	409	,000
ROI BRD	,167	409	,000	,795	409	,000

a. Signifikanzkorrektur nach Lilliefors
Quelle: eigene Darstellung.

Anhang A-5:

Korrelationen Fokus Skandalfilme

Tabelle 35: Korrelationen Skandalfilme Kategorien und Perioden

	Besucherzahlen EDI	Anzahl Kopien	Box Office BRD
Hits K1	0,099	0,121	0,094
Hits K2	-0,050	0,011	-0,050
Hits K3	0,120	0,060	0,112
Hits K4	0,050	-0,004	0,043
Hits K5	-0,041	-0,033	-0,035
Hits K6	-0,012	0,010	-0,019
Skandale K1	0,103	0,126	0,098
Skandale K2	-0,071	-0,014	-0,075
Skandale K3	0,119	0,057	0,110
Skandale K4	0,048	-0,005	0,041
Skandale K5	-0,051	-0,044	-0,046
Skandale K6	-0,015	0,008	0,023
Hits P1	-0,030	-0,030	-0,037
Hits P2	-0,064	-0,007	-0,065
Hits P3	0,051	0,148	0,041
Hits P4	0,042	0,012	0,039
Hits P5	-0,040	-0,018	-0,037
Hits P6	-0,062	-0,125	-0,053

**: $p < 0,01$; *: $p < 0,05$; N = 108 Filme; Spearman Rangkorrelationskoeffizient
Quelle: eigene Darstellung.

Anhang A-6:

Korrelationen Fokus Skandalschauspieler

Tabelle 36: Korrelationen Skandalschauspieler

	Anzahl Skandale	Anzahl Hits	Anzahl Skandalfilme	Anzahl Filme ohne Skandale
BO_{AD}	0,090	0,089	0,011	-0,019
ROI_{AD}	-0,032	0,058	-0,173	-0,029
$Kopien_{AD}$	0,145	0,172	-0,076	-0,001
Gesamt Besucher	0,089	0,137	0,431**	0,008
Gesamt Kopien	0,110	0,097	0,568**	-0,080
Gesamt ROI	0,025	0,120	0,143	0,110
Gesamt BO	0,084	0,134	0,147**	0,004

**: $p < 0,01$; *: $p < 0,05$; n = 87 Schauspieler; Spearman Rangkorrelationskoeffizient
Quelle: eigene Darstellung.

Anhang A-7:

Statistiken für Tests auf Mittelwertunterschiede

Tabelle 37: Statistiken Mittelwert/Median, Filme/Skandalfilme

	Maßzahlen				
	Mittelwert		Median		
Variablen	o. Skandal	mit Skandal	o. Skandal	mit Skandal	Gesamtsumme
Besucherzahlen	478322,32	818211,19	124839	335462,5	233298471
Anzahl Kopien BRD	213,45	376,16	107	334	105299
Einspielergebnisse BRD	2,7784E6	4,9154E6	703623	2,0222E6	1,37E9
ROI BRD	9917,21	9985,2497	6439,59	6793,57	4083322,19

Quelle: eigene Darstellung.

Tabelle 38: Statistiken Mittelwert/Median, Männer/Frauen

	Maßzahlen				
	Mittelwert		Median		
Variablen	Männer	Frauen	Männer	Frauen	Gesamtsumme
Anzahl Kopien BRD	343,8	314,05	180	150	23700
Einspielergebnisse BRD	4406421,44	4307176,7	1177487	1184583,5	3E9
ROI BRD	9888,27	11103,52	6545,21	8275,63	9042318,6

Quelle: eigene Darstellung.

Tabelle 39: Statistiken Mittelwert/Median, Schauspieler/Skandalschauspieler

	Maßzahlen				
	Mittelwert		Median		
Variablen	o. Skandal	mit Skandal	o. Skandal	mit Skandal	Gesamtsumme
Anzahl Kopien BRD	311,77	561,60	150	406	23700
Einspielergebnisse BRD	4101643,92	7269278,45	1039240	10334,14	3E9
ROI BRD	10330,99	3390207	6901,92	7671,27	9042318,6

Quelle: eigene Darstellung.

Anhang A-8:

Berechnungen Tests auf Mittelwertunterschiede

Tabelle 40: Mittelwerttest parametrisch Skandal Ja/Nein

		T-Test für die Mittelwertgleichheit		
		T	df	SN (2-seitig)
Box Office BRD	Varianzen sind gleich	2,984	409	,003
	Varianzen sind nicht gleich	2,991	189,193	,003
Besucherzahlen EDI	Varianzen sind gleich	2,881	409	,004
	Varianzen sind nicht gleich	2,925	193,925	,004
Anzahl max Kopien BRD	Varianzen sind gleich	5,869	409	,000
	Varianzen sind nicht gleich	5,428	164,987	,000
ROI BRD	Varianzen sind gleich	,094	407	,925
	Varianzen sind nicht gleich	,102	219,857	,919

Quelle: eigene Darstellung.

Tabelle 41: Mittelwerttest nicht-parametrisch Skandal Ja/Nein

	ROI BRD	Box Office BRD	Besucherzahlen EDI	Anzahl max. Kopien BRD
Mann-Whitney-U	15555,000	11722,000	11862,000	9868,000
Wilcoxon-W	61006,000	57778,000	57918,000	55924,000
Z	-,663	-4,378	-4,245	-6,127
Asymptotische Signifikanz (2-seitig)	,507	,000	,000	,000

Quelle: eigene Darstellung.

Tabelle 42: Mittelwerttest parametrisch Skandal Ja/Nein nur USA

		T-Test für die Mittelwertgleichheit		
		T	df	SN (2-seitig)
Besucherzahlen EDI	Varianzen sind gleich	-,939	243	,349
	Varianzen sind nicht gleich	-,994	227,876	,321
Anzahl max Kopien BRD	Varianzen sind gleich	-2,258	243	,025
	Varianzen sind nicht gleich	-2,237	189,023	,026
Box Office BRD	Varianzen sind gleich	-1,007	243	,315
	Varianzen sind nicht gleich	-1,060	224,903	,290
ROI BRD	Varianzen sind gleich	-,627	243	,531
	Varianzen sind nicht gleich	-,650	216,185	,517

Quelle: eigene Darstellung.

Tabelle 43: Mittelwerttest nicht-parametrisch Skandal Ja/Nein nur USA

	Besucherzahlen EDI	Anzahl max. Kopien BRD	Box Office BRD	ROI BRD

Mann-Whitney-U	5920,000	5816,000	5866,000	6361,000
Wilcoxon-W	17548,000	17444,000	17494,000	17989,000
Z	-2,133	-2,326	-2,233	-1,313
Asymptotische Signifikanz (2-seitig)	,033	,020	,026	,189

Quelle: eigene Darstellung.

Tabelle 44: Mittelwerttest parametrisch Geschlecht

		T-Test für die Mittelwertgleichheit		
		T	df	SN (2-seitig)
Anzahl der Treffer des Schauspielers	Varianzen sind gleich	-1,790	1024	,074
	Varianzen sind nicht gleich	-1,637	591,000	,102

Quelle: eigene Darstellung.

Tabelle 45: Mittelwerttest nicht-parametrisch Geschlecht

	Anzahl der Treffer des Schauspielers
Mann-Whitney-U	120251,500
Wilcoxon-W	333782,500
Z	-,695
Asymptotische Signifikanz (2-seitig)	,487

Quelle: eigene Darstellung.

Tabelle 46: Mittelwerttest parametrisch Schauspieler Skandal Ja/Nein

		T-Test für die Mittelwertgleichheit		
		T	df	SN (2-seitig)
Summe EDI	Varianzen sind gleich	-3,216	1024	,001
	Varianzen sind nicht gleich	-3,096	101,086	,003
Summe Kopien BRD	Varianzen sind gleich	-5,632	1024	,000
	Varianzen sind nicht gleich	-4,404	94,973	,000
Summe Box Office BRD	Varianzen sind gleich	-3,185	1024	,001
	Varianzen sind nicht gleich	-3,009	100,395	,003
ROI BRD	Varianzen sind gleich	-,003	1024	,998
	Varianzen sind nicht gleich	-,003	108,294	,997

Quelle: eigene Darstellung.

Tabelle 47: Mittelwerttest nicht-parametrisch Schauspieler Skandal Ja/Nein

	Summe EDI	Summe Kopien BRD	Summe Box Office BRD	ROI BRD
Mann-Whitney-U	29534,500	25138,000	29458,500	39329,500
Wilcoxon-W	470864,500	466468,000	470788,500	480659,500
Z	-4,278	-5,941	-4,307	-,574
Asymptotische Signifikanz (2-seitig)	,000	,000	,000	,566

Quelle: eigene Darstellung.

Anhang A-9:

Einfaktorielle Varianzanalyse Produktionsland und Anzahl Skandale

Tabelle 48: Levene-Test Varianzanalyse Produktionsland/Skandale

Abhängige Variable: Anzahl Skandale bezogen auf den Film

F	df1	df2	SN
35,065	3	407	,000

Prüft die Nullhypothese, daß die Fehlervarianz der abhängigen Variablen über Gruppen hinweg gleich ist.
Quelle: eigene Darstellung.

Tabelle 49: Tests Zwischensubjekteffekte Varianzanalyse Produktionsland/Skandale

Abhängige Variable: Anzahl Skandale bezogen auf den Film

Quelle	Quadratsumme vom Typ III	df	Mittel der Quadrate	F	SN	Partielles Eta-Quadrat
Korrigiertes Modell	42,124a	3	14,041	11,944	,000	,081
Konstanter Term	34,448	1	34,448	29,303	,000	,067
Produktionsland	42,124	3	14,041	11,944	,000	,081
Fehler	478,450	407	1,176			
Gesamt	632,000	411				
Korrigierte Gesamtvariation	520,574	410				

a. R-Quadrat = ,081 (korrigiertes R-Quadrat = ,074)
Quelle: eigene Darstellung.

Tabelle 50: Tamhane-T2-Tests Varianzanalyse Produktionsland/Skandale 1/2

Abhängige Variable: Anzahl Skandale bezogen auf den Film

	(I)Produktionsland	(J)Produktionsland	Mittlere Differenz (I-J)	Standardfehler	Sig.
Tamhane	USA	Deutschland	,72*	,086	,000
		englisch	,15	,262	,994
		sonstige	,66*	,096	,000
	Deutschland	USA	-,72*	,086	,000
		englisch	-,57	,249	,162
		sonstige	-,05	,055	,909
	englisch	USA	-,15	,262	,994
		Deutschland	,57	,249	,162
		sonstige	,52	,253	,261
	sonstige	USA	-,66*	,096	,000
		d Deutschland	,05	,055	,909
		englisch	-,52	,253	,261

Grundlage: beobachtete Mittelwerte.
Der Fehlerterm ist Mittel der Quadrate(Fehler) = 1,176

Abhängige Variable: Anzahl Skandale bezogen auf den Film

	(I)Produktionsland	(J)Produktionsland	Mittlere Differenz (I-J)	Standardfehler	Sig.
Tamhane	USA	Deutschland	,72*	,086	,000
		englisch	,15	,262	,994
		sonstige	,66*	,096	,000
	Deutschland	USA	-,72*	,086	,000
		englisch	-,57	,249	,162
		sonstige	-,05	,055	,909
	englisch	USA	-,15	,262	,994
		Deutschland	,57	,249	,162
		sonstige	,52	,253	,261
	sonstige	USA	-,66*	,096	,000
		Deutschland	,05	,055	,909
		englisch	-,52	,253	,261

Grundlage: beobachtete Mittelwerte.
Der Fehlerterm ist Mittel der Quadrate(Fehler) = 1,176
*. Die mittlere Differenz ist auf dem ,05-Niveau signifikant.
Quelle: eigene Darstellung.

Tabelle 51: Tamhane-T2-Tests Varianzanalyse Produktionsland/Skandale 2/2

Abhängige Variable: Anzahl Skandale bezogen auf den Film

	(I)Produktionsland	(J)Produktionsland	95%-Konfidenzintervall	
			Untergrenze	Obergrenze
Tamhane	USA	Deutschland	,49	,95
		englisch	-,58	,87
		sonstige	,41	,92
	Deutschland	USA	-,95	-,49
		englisch	-1,27	,13
		sonstige	-,20	,09
	englisch	USA	-,87	,58
		Deutschland	-,13	1,27
		sonstige	-,19	1,23
	sonstige	USA	-,92	-,41
		Deutschland	-,09	,20
		englisch	-1,23	,19

Grundlage: beobachtete Mittelwerte; Der Fehlerterm ist Mittel der Quadrate(Fehler) = 1,176

Abhängige Variable: Anzahl Skandale bezogen auf den Film

	(I)Produktionsland	(J)Produktionsland	95%-Konfidenzintervall	
			Untergrenze	Obergrenze
Tamhane	USA	Deutschland	,49	,95
		englisch	-,58	,87
		sonstige	,41	,92
	Deutschland	USA	-,95	-,49
		englisch	-1,27	,13
		sonstige	-,20	,09
	englisch	USA	-,87	,58
		Deutschland	-,13	1,27
		sonstige	-,19	1,23
	sonstige	USA	-,92	-,41
		Deutschland	-,09	,20
		englisch	-1,23	,19

Grundlage: beobachtete Mittelwerte; Der Fehlerterm ist Mittel der Quadrate(Fehler) = 1,176
Quelle: eigene Darstellung.

Anhang A-10:

Einfaktorielle Varianzanalyse Produktionsland und Anzahl Treffer

Tabelle 52: Levene-Test Varianzanalyse Produktionsland/Treffer

Abhängige Variable: Anzahl Hits die Relevanz für den Film haben

F	df1	df2	SN
23,523	3	407	,000

Prüft die Nullhypothese, daß die Fehlervarianz der abhängigen Variablen über Gruppen hinweg gleich ist.
Quelle: eigene Darstellung.

Tabelle 53: Tests Zwischensubjekteffekte Varianzanalyse Produktionsland/Treffer

Abhängige Variable: Anzahl Hits die Relevanz für den Film haben

Quelle	Quadratsumme vom Typ III	df	Mittel der Quadrate	F	SN	Partielles Eta-Quadrat
Korrigiertes Modell	70,295^a	3	23,432	9,524	,000	,066
Konstanter Term	62,289	1	62,289	25,318	,000	,059
Produktionsland	70,295	3	23,432	9,524	,000	,066
Fehler	1001,310	407	2,460			
Gesamt	1261,000	411				
Korrigierte Gesamtvariation	1071,606	410				

a. R-Quadrat = ,066 (korrigiertes R-Quadrat = ,059)
Quelle: eigene Darstellung.

Tabelle 54: Tamhane-T2-Tests Varianzanalyse Produktionsland/Treffer 1/2

Abhängige Variable: Anzahl Hits die Relevanz für den Film haben

	(I)Produktionsland	(J)Produktionsland	Mittlere Differenz (I-J)	Standardfehler	Sig.
Tamhane	USA	Deutschland	,90*	,133	,000
		englisch	,11	,392	1,000
		sonstige	,88*	,129	,000
	Deutschland	USA	-,90*	,133	,000
		englisch	-,79	,378	,242
		sonstige	-,01	,076	1,000
	englisch	USA	-,11	,392	1,000
		Deutschland	,79	,378	,242
		sonstige	,78	,376	,254
	sonstige	USA	-,88*	,129	,000
		Deutschland	,01	,076	1,000
		englisch	-,78	,376	,254

Grundlage: beobachtete Mittelwerte; Der Fehlerterm ist Mittel der Quadrate(Fehler) = 2,460
*. Die mittlere Differenz ist auf dem ,05-Niveau signifikant.
Quelle: eigene Darstellung.

Tabelle 55: Tamhane-T2-Tests Varianzanalyse Produktionsland/Treffer 2/2
Abhängige Variable: Anzahl Hits die Relevanz für den Film haben

	(I)Produktionsland	(J)Produktionsland	95%-Konfidenzintervall	
			Untergrenze	Obergrenze
Tamhane	USA	Deutschland	,55	1,25
		englisch	-,98	1,20
		sonstige	,54	1,23
	Deutschland	USA	-1,25	-,55
		englisch	-1,85	,27
		sonstige	-,22	,19
	englisch	USA	-1,20	,98
		Deutschland	-,27	1,85
		sonstige	-,28	1,83
	sonstige	USA	-1,23	-,54
		Deutschland	-,19	,22
		englisch	-1,83	,28

Grundlage: beobachtete Mittelwerte; Der Fehlerterm ist Mittel der Quadrate(Fehler) = 2,460
Quelle: eigene Darstellung.

Anhang A-11:

Einfache Regression mit der abhängigen Variable: BOlog

Tabelle 56: Einfach Regressionen alle Filme, weitere Kontrollvariablen

Unabhängige Variable x	Koeff. b	SN Var. x	Konst. a	SN Konst. a	R^2	Adjustiertes R^2	N
Marketingbudget	1,227E-6	0,000	13,065	0,000	0,558	0,556	340
BO USA	1,993E-8	0,000	12,954	0,000	0,393	0,391	403
Produktionskosten	2,472E-8	0,000	13,292	0,000	0,326	0,324	286
Anzahl Kopien	0,005	0,000	12,303	0,000	0,637	0,636	411

Quelle: eigene Darstellung.

Anhang A-12:

Einfache Regression mit der abhängigen Variable: BOlog

Tabelle 57: Einfache Regressionen nur USA-Filme

Unabhängige Variable x	Koeff. b	SN Var. x	Konst. a	SN Konst. a	R^2	Adjustiertes R^2	N
Anzahl Skandale	0,119	0,169	14,016	0,000	0,008	0,004	245
Anzahl Hits	0,082	0,173	14,026	0,000	0,008	0,004	245
Anzahl Skandalschauspieler im Film	0,281	0,084	13,973	0,000	0,012	0,008	245
Skandal Ja oder Nein	0,490	0,033	13,920	0,000	0,019	0,015	245

Quelle: eigene Darstellung.

Anhang A-13:

Einfache Regression mit der abhängigen Variable: BOlog

Tabelle 58: Einfache Regressionen nur Skandalfilme

Unabhängige Variable x	Koeff. b	SN Var. x	Konst. a	SN Konst. a	R^2	Adjustiertes R^2	N
Anzahl Skandale	-0,082	0,500	14,499	0,000	0,004	-0,005	108
Anzahl Hits	-0,025	0,740	14,402	0,000	0,001	-0,008	108
Anzahl Skandalträger	-0,266	0,417	14,670	0,000	0,006	-0,003	108

Quelle: eigene Darstellung.

Anhang A-14:

Einfache Regression mit der abhängigen Variable: BOlog

Tabelle 59: Einfache Regressionen nur Skandalschauspieler 1/2

Unabhängige Variable x	Koeff. b	SN Var. x	Konst. a	SN Konst. a	R^2	Adjustiertes R^2	n
Anzahl Skandale	0,299	0,067	13,939	0,000	0,039	0,028	87
Anzahl Hits	0,171	0,122	14,068	0,000	0,028	0,016	87
Anzahl Skandalfilme	0,160	0,409	14,159	0,000	0,008	-0,004	87
Gesamtzahl Filme	0,087	0,594	14,234	0,000	0,003	-0,008	87

Quelle: eigene Darstellung.

Anhang A-15:

Einfache Regression mit der abhängigen Variable: Durchschnitts-BOlog

Tabelle 60: Einfache Regressionen nur Skandalschauspieler 2/2

Unabhängige Variable x	Koeff. b	SN Var. x	Konst. a	SN Konst. a	R^2	Adjustiertes R^2	n
Anzahl Skandale	0,299	0,067	13,939	0,000	0,039	0,028	86
Anzahl Hits	0,171	0,122	14,068	0,000	0,028	0,016	86
Anzahl Skandalfilme	0,160	0,409	14,159	0,000	0,008	-0,004	86

Quelle: eigene Darstellung.

Anhang A-16:

Tabelle 61: Modellzusammenfassung Regression alle Filme 1/3

Modellzusammenfassung[b]

Modell	R	R-Quadrat	Korrigiertes R-Quadrat	Standardfehler des Schätzers	Durbin-Watson-Statistik
1	,219[a]	,048	,043	1,72252	1,795

a. Einflußvariablen : (Konstante), Anzahl der Schauspieler mit Skandalen im Film, Gibt es überhaupt einen Skandal im Film
b. Abhängige Variable: COMPUTE BOLog=LN(BoxOfficeBRD)
Quelle: eigene Darstellung.

Tabelle 62: ANOVA Regression alle Filme 1/3

ANOVA[b]

Modell		Quadratsumme	df	Mittel der Quadrate	F	SN
1	Regression	61,039	2	30,520	10,286	,000[a]
	Nicht standardisierte Residuen	1210,571	408	2,967		
	Gesamt	1271,610	410			

b. Abhängige Variable: COMPUTE BOLog=LN(BoxOfficeBRD)
a. Einflußvariablen : (Konstante), Anzahl der Schauspieler mit Skandalen im Film, Gibt es überhaupt einen Skandal im Film
Quelle: eigene Darstellung.

Tabelle 63: Koeffizienten1 Regression alle Filme 1/3

Koeffizienten[a]

Modell		Nicht standardisierte Koeffizienten		Standardisierte Koeffizienten
		RegressionskoeffizientB	Standardfehler	Beta
1	(Konstante)	13,476	,099	
	Gibt es überhaupt einen Skandal im Film	1,194	,449	,299
	Anzahl der Schauspieler mit Skandalen im Film	-,266	,324	-,092

a. Abhängige Variable: COMPUTE BOLog=LN(BoxOfficeBRD)
Quelle: eigene Darstellung.

Tabelle 64: Koeffizienten2 Regression alle Filme 1/3

Koeffizienten[a]

Modell		T	SN	Kollinearitätsstatistik	
				Toleranz	VIF
1	(Konstante)	136,185	,000		
	Gibt es überhaupt einen Skandal im Film	2,661	,008	,185	5,404
	Anzahl der Schauspieler mit Skandalen im Film	-,822	,412	,185	5,404

a. Abhängige Variable: COMPUTE BOLog=LN(BoxOfficeBRD)
Quelle: eigene Darstellung.

Anhang A-17:

Tabelle 65: Modellzusammenfassung Regression alle Filme 2/3

Modellzusammenfassung[b]

Modell	R	R-Quadrat	Korrigiertes R-Quadrat	Standardfehler des Schätzers	Durbin-Watson-Statistik
1	,178[a]	,032	,027	1,73713	1,792

a. Einflußvariablen : (Konstante), Anzahl Skandale bezogen auf den Film, Anzahl der Schauspieler mit Skandalen im Film
b. Abhängige Variable: COMPUTE BOLog=LN(BoxOfficeBRD)
Quelle: eigene Darstellung.

Tabelle 66: ANOVA Regression alle Filme 2/3

ANOVA[b]

Modell		Quadratsumme	df	Mittel der Quadrate	F	SN
1	Regression	40,419	2	20,209	6,697	,001[a]
	Nicht standardisierte Residuen	1231,191	408	3,018		
	Gesamt	1271,610	410			

b. Abhängige Variable: COMPUTE BOLog=LN(BoxOfficeBRD)
a. Einflußvariablen : (Konstante), Anzahl Skandale bezogen auf den Film, Anzahl der Schauspieler mit Skandalen im Film
Quelle: eigene Darstellung.

Tabelle 67: Koeffizienten1 Regression alle Filme 2/3

Koeffizienten[a]

Modell		Nicht standardisierte Koeffizienten		Standardisierte Koeffizienten
		RegressionskoeffizientB	Standardfehler	Beta
1	(Konstante)	13,534	,097	
	Anzahl der Schauspieler mit Skandalen im Film	,601	,287	,208
	Anzahl Skandale bezogen auf den Film	-,056	,155	-,036

a. Abhängige Variable: COMPUTE BOLog=LN(BoxOfficeBRD)
Quelle: eigene Darstellung.

Tabelle 68: Koeffizienten2 Regression alle Filme 2/3

Koeffizienten[a]

Modell		T	SN	Kollinearitätsstatistik	
				Toleranz	VIF
1	(Konstante)	139,029	,000		
	Anzahl der Schauspieler mit Skandalen im Film	2,097	,037	,240	4,161
	Anzahl Skandale bezogen auf den Film	-,358	,721	,240	4,161

a. Abhängige Variable: COMPUTE BOLog=LN(BoxOfficeBRD)
Quelle: eigene Darstellung.

Anhang A-18:

Tabelle 69: Modellzusammenfassung Regression alle Filme 3/3

Modellzusammenfassung[b]

Modell	R	R-Quadrat	Korrigiertes R-Quadrat	Standardfehler des Schätzers	Durbin-Watson-Statistik
1	,840[a]	,706	,701	,82545	1,870

a. Einflußvariablen : (Konstante), Anzahl max Kopien BRD, Produktionsbudget, Box Office USA, Marketingbudget
b. Abhängige Variable: COMPUTE BOLog=LN(BoxOfficeBRD)
Quelle: eigene Darstellung.

Tabelle 70: ANOVA Regression alle Filme 3/3

ANOVA[b]

Modell		Quadratsumme	df	Mittel der Quadrate	F	SN
1	Regression	422,200	4	105,550	154,908	,000[a]
	Nicht standardisierte Residuen	175,794	258	,681		
	Gesamt	597,994	262			

b. Abhängige Variable: COMPUTE BOLog=LN(BoxOfficeBRD)
a. Einflußvariablen : (Konstante), Anzahl max. Kopien BRD, Produktionsbudget, Box Office USA, Marketingbudget
Quelle: eigene Darstellung.

Tabelle 71: Koeffizienten1 Regression alle Filme 3/3

Koeffizienten[a]

Modell		Nicht standardisierte Koeffizienten		Standardisierte Koeffizienten
		RegressionskoeffizientB	Standardfehler	Beta
1	(Konstante)	12,852	,085	
	Produktionsbudget	-3,566E-9	,000	-,087
	Marketingbudget	3,023E-7	,000	,202
	Box Office USA	3,483E-9	,000	,141
	Anzahl max. Kopien BRD	,003	,000	,617

a. Abhängige Variable: COMPUTE BOLog=LN(BoxOfficeBRD)
Quelle: eigene Darstellung.

Tabelle 72: Koeffizienten2 Regression alle Filme 3/3

Koeffizienten[a]

Modell		T	SN	Kollinearitätsstatistik	
				Toleranz	VIF
1	(Konstante)	151,447	,000		
	Produktionsbudget	-1,726	,086	,451	2,216
	Marketingbudget	3,069	,002	,263	3,806
	Box Office USA	2,866	,004	,468	2,135
	Anzahl max. Kopien BRD	8,661	,000	,225	4,449

a. Abhängige Variable: COMPUTE BOLog=LN(BoxOfficeBRD)
Quelle: eigene Darstellung.

Anhang A-19:

Tabelle 73: Modellzusammenfassung Regression mit weiteren Kontrollvariablen

Modellzusammenfassung[b]

Modell	R	R-Quadrat	Korrigiertes R-Quadrat	Standardfehler des Schätzers	Durbin-Watson-Statistik
1	,840[a]	,706	,699	,82831	1,870

a. Einflußvariablen : (Konstante), Gibt es überhaupt einen Skandal im Film, Box Office USA, Produktionsbudget, Marketingbudget, Anzahl max. Kopien BRD, Anzahl der Schauspieler mit Skandalen im Film
b. Abhängige Variable: COMPUTE BOLog=LN(BoxOfficeBRD)
Quelle: eigene Darstellung.

Tabelle 74: ANOVA Regression mit weiteren Kontrollvariablen

ANOVA[b]

Modell		Quadratsumme	df	Mittel der Quadrate	F	SN
1	Regression	422,354	6	70,392	102,599	,000[a]
	Nicht standardisierte Residuen	175,640	256	,686		
	Gesamt	597,994	262			

b. Abhängige Variable: COMPUTE BOLog=LN(BoxOfficeBRD)
a. Einflußvariablen : (Konstante), Gibt es überhaupt einen Skandal im Film, Box Office USA, Produktionsbudget, Marketingbudget, Anzahl max Kopien BRD, Anzahl der Schauspieler mit Skandalen im Film
Quelle: eigene Darstellung.

Tabelle 75: Koeffizienten1 Regression mit weiteren Kontrollvariablen

Koeffizienten[a]

Modell		Nicht standardisierte Koeffizienten		Standardisierte Koeffizienten
		RegressionskoeffizientB	Standardfehler	Beta
1	(Konstante)	12,862	,088	
	Produktionsbudget	-3,375E-9	,000	-,082
	Marketingbudget	3,071E-7	,000	,205
	Box Office USA	3,456E-9	,000	,140
	Anzahl max Kopien BRD	,003	,000	,615
	Anzahl der Schauspieler mit Skandalen im Film	,018	,167	,008
	Gibt es überhaupt einen Skandal im Film	-,075	,242	-,023

a. Abhängige Variable: COMPUTE BOLog=LN(BoxOfficeBRD)
Quelle: eigene Darstellung.

Tabelle 76: Koeffizienten2 Regression mit weiteren Kontrollvariablen
Koeffizienten[a]

Modell		T	SN	Kollinearitätsstatistik	
				Toleranz	VIF
1	(Konstante)	145,849	,000		
	Produktionsbudget	-1,594	,112	,433	2,312
	Marketingbudget	3,088	,002	,260	3,853
	Box Office USA	2,830	,005	,467	2,141
	Anzahl max Kopien BRD	8,598	,000	,224	4,460
	Anzahl der Schauspieler mit Skandalen im Film	,105	,916	,208	4,806
	Gibt es überhaupt einen Skandal im Film	-,309	,758	,199	5,019

a. Abhängige Variable: COMPUTE BOLog=LN(BoxOfficeBRD)
Quelle: eigene Darstellung.

Anhang A-20:

Tabelle 77: Modellzusammenfassung Regression abh. Variable Anzahl der Kopien 1/2

Modellzusammenfassung[b]

Modell	R	R-Quadrat	Korrigiertes R-Quadrat	Standardfehler des Schätzers	Durbin-Watson-Statistik
1	,307[a]	,094	,090	1,08438	1,577

a. Einflußvariablen : (Konstante), Gibt es überhaupt einen Skandal im Film, Anzahl der Schauspieler mit Skandalen im Film
b. Abhängige Variable: COMPUTE LogKopien=LN(AnzahlmaxKopienBRD)
Quelle: eigene Darstellung.

Tabelle 78: ANOVA Regression abh. Variable Anzahl der Kopien 1/2

ANOVA[b]

Modell		Quadratsumme	df	Mittel der Quadrate	F	SN
1	Regression	49,746	2	24,873	21,152	,000[a]
	Nicht standardisierte Residuen	479,762	408	1,176		
	Gesamt	529,507	410			

b. Abhängige Variable: COMPUTE LogKopien=LN(AnzahlmaxKopienBRD)
a. Einflußvariablen : (Konstante), Gibt es überhaupt einen Skandal im Film, Anzahl der Schauspieler mit Skandalen im Film
Quelle: eigene Darstellung.

Tabelle 79: Koeffizienten1 Regression abh. Variable Anzahl der Kopien 1/2

Koeffizienten[a]

Modell		Nicht standardisierte Koeffizienten		Standardisierte Koeffizienten
		RegressionskoeffizientB	Standardfehler	Beta
1	(Konstante)	4,773	,062	
	Anzahl der Schauspieler mit Skandalen im Film	-,180	,204	-,097
	Gibt es überhaupt einen Skandal im Film	1,008	,283	,391

a. Abhängige Variable: COMPUTE LogKopien=LN(AnzahlmaxKopienBRD)
Quelle: eigene Darstellung.

Tabelle 80: Koeffizienten2 Regression abh. Variable Anzahl der Kopien 1/2

Koeffizienten[a]

Modell		T	SN	Kollinearitätsstatistik	
				Toleranz	VIF
1	(Konstante)	76,615	,000		
	Anzahl der Schauspieler mit Skandalen im Film	-,883	,378	,185	5,404
	Gibt es überhaupt einen Skandal im Film	3,569	,000	,185	5,404

a. Abhängige Variable: COMPUTE LogKopien=LN(AnzahlmaxKopienBRD)
Quelle: eigene Darstellung.

Anhang A-21:

Tabelle 81: Modellzusammenfassung Regression abh. Variable Anzahl der Kopien 2/2

Modellzusammenfassung[b]

Modell	R	R-Quadrat	Korrigiertes R-Quadrat	Standardfehler des Schätzers	Durbin-Watson-Statistik
1	,257[a]	,066	,061	1,10107	1,580

a. Einflußvariablen : (Konstante), Anzahl Skandale bezogen auf den Film, Anzahl der Schauspieler mit Skandalen im Film
b. Abhängige Variable: COMPUTE LogKopien=LN(AnzahlmaxKopienBRD)
Quelle: eigene Darstellung.

Tabelle 82: ANOVA Regression abh. Variable Anzahl der Kopien 2/2

ANOVA[b]

Modell		Quadratsumme	df	Mittel der Quadrate	F	SN
1	Regression	34,864	2	17,432	14,378	000[a]
	Nicht standardisierte Residuen	494,644	408	1,212		
	Gesamt	529,507	410			

b. Abhängige Variable: COMPUTE LogKopien=LN(AnzahlmaxKopienBRD)
a. Einflußvariablen : (Konstante), Anzahl Skandale bezogen auf den Film, Anzahl der Schauspieler mit Skandalen im Film
Quelle: eigene Darstellung.

Tabelle 83: Koeffizienten1 Regression abh. Variable Anzahl der Kopien 2/2

Koeffizienten[a]

Modell		Nicht standardisierte Koeffizienten		Standardisierte Koeffizienten
		RegressionskoeffizientB	Standardfehler	Beta
1	(Konstante)	4,822	,062	
	Anzahl der Schauspieler mit Skandalen im Film	,523	,182	,281
	Anzahl Skandale bezogen auf den Film	-,028	,098	-,028

a. Abhängige Variable: COMPUTE LogKopien=LN(AnzahlmaxKopienBRD)
Quelle: eigene Darstellung.

Tabelle 84: Koeffizienten2 Regression abh. Variable Anzahl der Kopien 2/2

Koeffizienten[a]

Modell		T	SN	Kollinearitätsstatistik	
				Toleranz	VIF
1	(Konstante)	78,143	,000		
	Anzahl der Schauspieler mit Skandalen im Film	2,875	,004	,240	4,161
	Anzahl Skandale bezogen auf den Film	-,286	,775	,240	4,161

a. Abhängige Variable: COMPUTE LogKopien=LN(AnzahlmaxKopienBRD)
Quelle: eigene Darstellung.

Anhang A-22:

Tabelle 85: Modellzusammenfassung Regression Fokus Schauspieler 1/2

Modellzusammenfassung[b]

Modell	R	R-Quadrat	Korrigiertes R-Quadrat	Standardfehler des Schätzers	Durbin-Watson-Statistik
1	,266[a]	,071	,069	1,62435	,125

a. Einflußvariablen : (Konstante), Anzahl Skandale, Gesamtzahl Filme
b. Abhängige Variable: COMPUTE BOlog=LN(DurchschnittBOBRD)
Quelle: eigene Darstellung.

Tabelle 86: ANOVA Regression Fokus Schauspieler 1/2

ANOVA[b]

Modell		Quadratsumme	df	Mittel der Quadrate	F	SN
1	Regression	205,328	2	102,664	38,910	,000[a]
	Nicht standardisierte Residuen	2699,194	1023	2,639		
	Gesamt	2904,522	1025			

b. Abhängige Variable: COMPUTE BOlog=LN(DurchschnittBOBRD)
a. Einflußvariablen : (Konstante), Anzahl Skandale, Gesamtzahl Filme
Quelle: eigene Darstellung.

Tabelle 87: Koeffizienten1 Regression Fokus Schauspieler 1/2

Koeffizienten[a]

Modell		Nicht standardisierte Koeffizienten		Standardisierte Koeffizienten	T	SN
		RegressionskoeffizientB	Standardfehler	Beta		
1	(Konstante)	12,922	,110		117,206	,000
	Gesamtzahl Filme	,567	,074	,240	7,619	,000
	Anzahl Skandale	,204	,098	,066	2,084	,037

a. Abhängige Variable: COMPUTE BOlog=LN(DurchschnittBOBRD)
Quelle: eigene Darstellung.

Tabelle 88: Koeffizienten2 Regression Fokus Schauspieler 1/2

Koeffizienten[a]

Modell		Kollinearitätsstatistik	
		Toleranz	VIF
1	(Konstante)		
	Gesamtzahl Filme	,918	1,089
	Anzahl Skandale	,918	1,089

a. Abhängige Variable: COMPUTE BOlog=LN(DurchschnittBOBRD)
Quelle: eigene Darstellung.

Anhang A-23:

Tabelle 89: Modellzusammenfassung Regression Fokus Schauspieler 2/2

Modellzusammenfassung[b]

Modell	R	R-Quadrat	Korrigiertes R-Quadrat	Standardfehler des Schätzers	Durbin-Watson-Statistik
1	,265[a]	,070	,068	1,62488	,119

a. Einflußvariablen : (Konstante), Skandale ja oder nein, Gesamtzahl Filme
b. Abhängige Variable: COMPUTE BOlog=LN(DurchschnittBOBRD)
Quelle: eigene Darstellung.

Tabelle 90: ANOVA Regression Fokus Schauspieler 2/2

ANOVA[b]

Modell		Quadratsumme	df	Mittel der Quadrate	F	SN
1	Regression	203,571	2	101,785	38,552	,000[a]
	Nicht standardisierte Residuen	2700,951	1023	2,640		
	Gesamt	2904,522	1025			

b. Abhängige Variable: COMPUTE BOlog=LN(DurchschnittBOBRD)
a. Einflußvariablen : (Konstante), Skandale ja oder nein, Gesamtzahl Filme
Quelle: eigene Darstellung.

Tabelle 91: Koeffizienten1 Regression Fokus Schauspieler 2/2

Koeffizienten[a]

Modell		Nicht standardisierte Koeffizienten		Standardisierte Koeffizienten
		RegressionskoeffizientB	Standardfehler	Beta
1	(Konstante)	12,910	,110	
	Gesamtzahl Filme	,573	,074	,242
	Skandale ja oder nein	,362	,189	,060

a. Abhängige Variable: COMPUTE BOlog=LN(DurchschnittBOBRD)
Quelle: eigene Darstellung.

Tabelle 92: Koeffizienten2 Regression Fokus Schauspieler 2/2

Koeffizienten[a]

Modell		T	SN.	Kollinearitätsstatistik	
				Toleranz	VIF
1	(Konstante)	117,719	,000		
	Gesamtzahl Filme	7,749	,000	,929	1,076
	Skandale ja oder nein	1,917	,056	,929	1,076

a. Abhängige Variable: COMPUTE BOlog=LN(DurchschnittBOBRD)
Quelle: eigene Darstellung.

Literaturverzeichnis

Aaker, Jennifer Lynn (1997): Dimensions Of Brand Personality, in: Journal of Marketing Research, 35. Jg., Heft 3, S. 347 – 356.

Adler, Moshe (1985): Stardom And Talent, in: The American Economic Review, 75. Jg., Heft 1, S. 208 – 212.

Akerlof, George (1976): The Economics Of Caste And Of The Rat Race And Other Woeful Tales, in: The Quarterly Journal of Economics, 90. Jg., Heft 4, S. 599 – 617.

Alberoni, Francesco (2007): The Powerless "Elite": Theory and Sociological Research of the Stars, in: Redmond, Sean / Holmes, Su (Hrsg.): Stardom and Celebrity, 1. Auflage, London et al., S. 65 – 78.

Albert, Steven (1998): Movie Stars And The Distribution Of Financially Successful Films In The Motion Picture Industry, in: Journal of Cultural Economics, 22. Jg., Heft 4, S. 249 – 270.

Austin, Bruce A. (1989): Immediate Seating: A look at Movie Audiences (Mass Communication), 1. Auflage, Belmont.

Backhaus, Klaus / Erichson, Bernd / Plinke, Wulff / Weiber, Rolf (2003): Multivariate Analysemethoden – Eine anwendungsorientierte Einführung, 10. Auflage, Berlin et. al.

Basuroy, Suman / Chatterjee, Subimal / Ravid, S. Abraham (2003): How Critical Are Critical Reviews? The Box Office Effects Of Film Critics, Star Power, And Budgets, in: Journal of Marketing, 67. Jg., Heft 4, S. 103 – 117.

Baumgarth, Carsten (2008): Markenpolitik – Markenwirkungen – Markenführung – Markencontrolling, 3. Auflage, Wiesbaden.

Bergmann, Jens / Pörksen, Bernhard (2009): Skandal! Die Macht öffentlicher Empörung, 1. Auflage, Köln.

Blümelhuber, Christian (2001): Entertainment und Marketing, in: Diller, Hermann (Hrsg.): Vahlens großes Marketing-Lexikon, 2. Auflage, München 2001, S. 411 – 413.

Böcking, Tabea (2007): Sportskandale in der Presse – Thematisierungsmuster und ihre gesellschaftlichen Folgen, in: Publizistik, 52. Jg., Heft 4, S. 502 – 523.

Brosius, Filip (2008): SPSS 16 – das mitp-Standardwerk, 1. Auflage, Heidelberg.

Brosius, Hans-Bernd (2002): Rezipienten und Rezeption – Ein medienpsychologischer Zugang, in: Nawratil, Ute / Schönhagen, Philomen / Starkulla Junior, Heinz (Hrsg.): Medien und Mittler sozialer Kommunikation – Beiträge zu Theorie, Geschichte und Kritik von Journalismus und Publizistik, 1. Auflage, Leipzig, S. 397 – 418.

Burkhardt, Steffen (2006): Medienskandale – Zur moralischen Sprengkraft öffentlicher Diskurse, 1. Auflage, Köln.

Burkart, Roland (2002): Kommunikationswissenschaft – Grundlagen und Problemfelder, 4. Auflage, Wien / Köln / Weimar.

Burmann, Christoph / Meffert, Heribert (2005): Managementkonzept der identitätsorientierten Markenführung, in: Meffert, Heribert / Burmann, Christoph / Koers, Martin (Hrsg.): Markenmanagement – Identitätsorientierte Markenführung und praktische Umsetzung, 2. Auflage, Wiesbaden, S. 73 – 114.

Clement, Michel (2004): Erfolgsfaktoren von Spielfilmen im Kino – Eine Übersicht betriebswirtschaftlicher Literatur, in: Medien und Kommunikationswissenschaft, 52. Jg., Heft 2, S. 250 – 271.

Clement, Michel / Völckner, Franziska / Granström, Nancy / van Dyk, Tim (2008): Messung der Markenstärke von Künstlermarken – Eine empirische Untersuchung am Beispiel von Popmusikern, in: Zeitschrift für Forschung und Praxis, 30. Jg., Heft 2, S. 93 – 108.

Chung, Kee H. / Cox, Raymond A. K. (1994): A Stochastic Model Of Superstardom: An Application Of The Yule Distribution, in: The Review of Economics and Statistics, 76. Jg., Heft 4, S. 771 – 775.

de Vany, Arthur / Walls, David W. (1999): Uncertainty In The Movie Industry: Does Star Power Reduce The Terror Of The Box Office?, in: Journal of Cultural Economics, 23. Jg., Heft 4, S. 285 – 318.

Dewenter, Ralf / Westermann, Michael (2005): Cinema Demand In Germany, in: Journal of Cultural Economics, 29. Jg., Heft 3, S. 213 – 231.

Dyer, Richard (1998): Stars, 6. Auflage, London.

Dyer, Richard (2007): Stars, in: Redmond, Sean / Holmes, Su (Hrsg.): Stardom and Celebrity, London et al., S. 78 – 84.

Edelmann, Jürgen-M. (2003): Dienstleistungsmarketing – Konzept für den Menschen als Marke, in: Herbst, Dieter (Hrsg.): Der Mensch als Marke – Konzepte – Beispiele – Experteninterviews, 1. Auflage, Göttingen, S. 151 – 160.

Eisenstein, Cornelia (1994): Meinungsbildung in der Mediengesellschaft – Eine theoretische und empirische Analyse zum Multi-Step Flow of Communication, 1. Auflage, Opladen.

Elberse, Anita (2007) The Power Of Stars: Do Star Actors Drive The Success Of Movies?, in: Journal of Marketing, 71. Jg., Heft 4, S. 102 – 120.

Elberse, Anita / Eliashberg, Jehoshua (2003): Demand And Supply Dynamics For Sequentially Released Products In International Markets: The Case Of Motion Pictures, in: Marketing Science, 22. Jg., Heft 3, S. 329 – 354.

Engh, Marcel (2006): Popstars als Marke – Identitätsorientiertes Markenmanagement für die musikindustrielle Künstlerentwicklung und -vermarktung, 1. Auflage, Wiesbaden.

Esch, Franz-Rudolf (2010): Strategie und Technik der Markenführung, 6. Auflage, München.

Faulstich, Werner (2004a): Grundwissen Medien, 5. Auflage, Paderborn.

Faulstich, Werner (2004b): Medienwissenschaft, 1. Auflage, Paderborn.

Faulstich, Werner / Korte, Helmut / Lowry, Stephen / Strobel, Ricarda (1997): „Kontinuität" – zur Imagefundierung des Film- und Fernsehstars, in: Faulstich, Werner / Korte, Helmut (Hrsg.): Der Star – Geschichte – Rezeption - Bedeutung, 1. Auflage, München, S. 11 – 28.

Felser, Georg (2007): Werbe- und Konsumentenpsychologie, 3. Auflage, Berlin / Heidelberg.

Fischer, Lorenz / Wiswede, Günter (2002): Grundlagen der Sozialpsychologie, 2. Auflage, München.

Founier, Susan (1998): Consumers And Their Brands: Developing Relationship Theory In Consumer Research, in: Journal of Consumer Research, 24. Jg., Heft 4, S. 343 – 373.

Franck, Egon (2001): Warum gibt es Stars? – Drei Erklärungsansätze, in: Wirtschaftsdienst, in: Gaitanides, Michael / Kruse, Jörn (Hrsg.): Stars in Film und Sport: Ökonomische Analyse des Starphänomens, 1. Auflage, München, S. 41 – 58.

Franck, Egon / Opitz, Christian (2003): Julia Roberts, Tom Hanks & Co – Wie Stars zur effizienten Zuordnung von Filmen auf Filmkonsumenten beitragen, in: Wirtschaftswissenschaftliches Studium, 32. Jg., Heft 4, S. 203 – 208.

Franck, Georg (1998): Ökonomie der Aufmerksamkeit, 1. Auflage, München / Wien.

Frank, Robert H. / Cook, Philip J. (1995): The Winner-Take-All Society, 1. Auflage, New York.

Freter, Hermann / Baumgarth, Carsten (2005): Ingredient Branding – Begriff und theoretische Begründung, in: Esch, Franz Rudolf (Hrsg.): Moderne Markenführung, Auflage 4, Wiesbaden, S. 455 – 480.

Frick, Bernd (2001): Einkommensstrukturen im professionellen Teamsport: Eine ökonomische Analyse der Gehälter von „Superstars" und „Wasserträgern", in: Gaitanides, Michael / Kruse, Jörn (Hrsg.): Stars in Film und Sport: Ökonomische Analyse des Starphänomens, 1. Auflage, München, S. 75 – 98.

Gaitanides, Michael (2001a): Ökonomie des Spielfilms, 1. Auflage, München.

Gaitanides, Michael (2001b): Was sind Moviestars wert? – Empirische Befunde zu Rangpositionen, Substitutionsmöglichkeiten und Kassenerfolg von Stars, in: Gaitanides, Michael / Kruse, Jörn (Hrsg.): Stars in Film und Sport: Ökonomische Analyse des Starphänomens, 1. Auflage, München, S. 7 – 22.

Giles, David E. (2006): Superstardom In The US Popular Music Industry Revisited, in: Economic Letters, 92. Jg., Heft 1, S. 68 – 74.

Hartmann, Frank (2008): Medien und Kommunikation, 1. Auflage, Wien.

Hartung, Joachim (2002): Statistik: Lehr- und Handbuch der angewandten Statistik, 13. Auflage, München / Wien.

Heinrich, Jürgen / Lobigs, Frank (2004): Moralin fürs Volk. Gründe und Auswirkungen der Moralisierung in der Politik- und Wirtschaftsberichterstattung aus einer modernen ökonomischen Perspektive, in: Imhof, Kurt / Blum, Roger / Bonfadelli, Heinz / Jarren, Otfried (Hrsg.): Mediengesellschafft – Strukturen, Merkmale, Entwicklungsdynamiken, 1. Auflage, Wiesbaden, S. 211 – 228.

Henkel, Huber / Huber, Frank (2005): Marke Mensch – Prominente als Marken in der Medienindustrie, 1. Auflage, Wiesbaden.

Hennig-Thurau, Thorsten / Dallwitz-Wegner, Dominik (2004): Zum Einfluss von Filmstars auf den Erfolg von Spielfilmen, in: Medienwirtschaft – Zeitschrift für Medienmanagement und Kommunikationsökonomie, 1. Jg., Heft 4, S. 157 – 208.

Hennig-Thurau, Thorsten / Houston, Mark B. / Walsh, Gianfranco (2007): Determinants Of Motion Picture Box Office And Profitability: An Interrelationship Approach, in: Review of Managerial Science, 1. Jg., Heft 1, S. 65 – 92.

Hennig-Thurau, Thorsten / Walsh, Gianfranco / Bode, Matthias (2004): Exporting Media Products: Understanding The Success And Failure Of Hollywood Movies In Germany, in: Advances in Consumer Research, 31. Jg., S. 633 - 638.

Hennig-Thurau, Thorsten / Wruck, Oliver (2000): Warum wir ins Kino gehen: Erfolgsfaktoren von Kinofilmen, in: Marketing Zeitschrift für Forschung und Praxis, 22. Jg., Heft 3, S. 241 – 256.

Herbst, Dieter (2003): Wenn Persönlichkeiten wirken: das Image, in: Herbst, Dieter (Hrsg.): Der Mensch als Marke - Konzepte – Beispiele – Experteninterviews, 1. Auflage, Göttingen, S. 69 – 92.

Hickethier, Knut (2003): Einführung in die Medienwissenschaft, 1. Auflage, Stuttgart.

Hoffmann, Jens (2002): Star-Stalker: Prominente als Objekt der Obsession, in: Ullrich, Wolfgang / Schirdewahn, Sabine (Hrsg.): Stars – Annäherung an ein Phänomen, 1. Auflage, Frankfurt am Main, S. 181 – 203.

Holbrook, Morris B. (1999): Popular Appeal Versus Expert Judgements Of Motion Pictures, in: Journal of Consumer Research, 26. Jg., Heft 2, S. 144 – 155.

Holderegger, Adrian (1999): Einleitung. Ethik der Mediengesellschaft, in: Holderegger, Adrian (Hrsg.): Ethik der Medienkommunikation, 2. Auflage, Freiburg.

Homburg, Christian / Bruhn, Manfred (2008): Kundenbindungsmanagement – Eine Einführung in die theoretischen und praktischen Problemstellungen, in: Bruhn, Manfred / Homburg, Christian (Hrsg.): Handbuch Kundenbindungsmanagement, 6. Auflage, Wiesbaden, S. 3 – 37.

Hondrich, Karl Otto (2002): Enthüllung und Entrüstung – Eine Phänomenologie des politischen Skandals, 1. Auflage, Frankfurt am Main.

Hömberg, Walter (2002): Nachrichten-Dichter. Journalismus zwischen Fakten und Fälschung, in: Nawratil, Ute / Schönhagen, Philomen / Starkulla Junior, Heinz (Hrsg.): Medien und Mittler sozialer Kommunikation – Beiträge zu Theorie, Geschichte und Kritik von Journalismus und Publizistik, 1. Auflage, Leipzig, S. 289 – 306.

Hörnlein, Ruth (2003): A Bright Galaxy of Stars – Die Entwicklung des Filmstars aus filmhistorischer Sicht, 1. Auflage, Marburg.

Horton, Donald / Wohl Richard (1956): Mass Communication And Parasocial Interaction: Observations Of Intimacy At A Distance, in: Psychiatry, 19. Jg., Heft 3, S. 215 – 229.

Käsler, Dirk (1989): Der Skandal als „politisches Theater". Zur schaupolitischen Funktionalität politischer Skandale, in: Ebbighausen, Rolf / Neckel, Sighard (Hrsg.): Anatomie des politischen Skandals, 1. Auflage, Frankfurt am Main, S. 307 – 333.

Katz, Elihu / Blumler, Jay G. / Gurevitch, Michael (1973): Uses And Gratifications Research, in: The Public Opinion Qarterly, 37. Jg., Heft 4, S. 509 – 523.

Keller, Kevin Lane (1993): Conceptualizing, Measuring, And Managing Customer-Based Brand Equity, in: Journal of Marketing, 57. Jg., Heft 1, S. 1 – 22.

Kepplinger, Hans Mathias (1997): Politiker als Stars, in: Faulstich, Werner / Korte, Helmut (Hrsg.): Der Star – Geschichte – Rezeption - Bedeutung, 1. Auflage, München, S. 176 – 194.

Kepplinger, Hans Mathias (2009): Publizistische Konflikte und Skandale, 1. Auflage, Wiesbaden.

Kepplinger, Hans Mathias / Ehmig, Simone Christine (2004): Ist die funktionalistische Skandaltheorie empirisch haltbar? Ein Beitrag zur Interdependenz von Politik und Medien im Umgang mit Missständen in der Gesellschaft, in: Imhof, Kurt / Blum, Roger / Bonfadelli, Heinz / Jarren, Otfried (Hrsg.): Mediengesellschafft – Strukturen, Merkmale, Entwicklungsdynamiken, 1. Auflage, Wiesbaden, S. 363 – 375.

Kroeber-Riel, Werner / Weinberg, Peter (2003): Konsumentenverhalten, 8. Auflage, München.

Larkin, Judy (2003): Strategic Reputation Risk Management, 1. Auflage, Houndmills et al.

Lehmann, Donald R. / Gupta Sunil / Steckel, Joel H. (1998): Marketing Research, 1. Auflage, Reading et al.

Leschnikowsky, Katja (2006): Celebrity Endorsers – Die Wirkung zwischen Passfähigkeit zwischen Prominentem und Marke, 1. Auflage, Saarbrücken.

Litman, Barry R. (1983): Predicting Success Of Theatrical Movies: An Empirical Study, in: Journal of Popular Culture, 16. Jg., Heft 4, S. 159 – 175.

MacDonald, Glenn M. (1988): The Economics Of Rising Stars, in: The American Economic Review, 78. Jg., Heft 1, S. 155 – 166.

Meffert, Heribert / Bruhn, Manfred (2009): Dienstleistungsmarketing - Grundlagen – Konzepte – Methoden, 6. Auflage, Wiesbaden.

Meffert, Heribert / Burmann, Christoph (2005): Wandel in der Markenführung – vom instrumentellen zum identitätsorientierten Markenverständnis, in: Meffert, Heribert / Burmann, Christoph / Koers, Martin (Hrsg.): Markenmanagement – Identitätsorientierte Markenführung und praktische Umsetzung, 2. Auflage, Wiesbaden, S. 19 – 36.

Morgan, Robert M. / Hunt, Shelby D. (1994): The Commitment-Trust Theory Of Relationship Marketing, in: Journal of Marketing, 58. Jg., Heft 3, S. 20 – 38.

Nawratil, Ute (1997): Glaubwürdigkeit in der sozialen Kommunikation, Auflage 1, Opladen.

Neckel, Sighard (1989): Das Stellhölzchen der Macht. Zur Soziologie des politischen Skandals, in: Ebbighausen, Rolf / Neckel, Sighard (Hrsg.): Anatomie des politischen Skandals, 1. Auflage, Frankfurt am Main, S. 55 – 80.

Nelson, Randy A. / Donihue, Michael R. / Waldman, Donald M. / Wheaton, Calbraith (2001): What's An Oscar Worth?, in: Economic Inquiry, 39. Jg., Heft 1, S. 1 – 16.

Peters, Birgit (1996): Prominenz – Eine soziologische Analyse ihrer Entstehung und Wirkung, 1. Auflage, Opladen.

Piwinger, Manfred / Niehüser, Wolfgang (1991): Skandale – Verlauf und Bewältigung, 1. Auflage, Wuppertal.

Prag, Jay / Casavant, James (1994): An Empirical Study Of The Determinants Of Revenues And Marketing Expenditures In The Motion Picture Industry, in: Journal of Cultural Economics, 18. Jg., Heft 3, S. 217 – 235.

Pürer, Heinz (2002): Medien und Journalismus zwischen Macht und Verantwortung, in: Nawratil, Ute / Schönhagen, Philomen / Starkulla Junior, Heinz (Hrsg.): Medien und Mittler sozialer Kommunikation – Beiträge zu Theorie, Geschichte und Kritik von Journalismus und Publizistik, 1. Auflage, Leipzig, S. 277 – 288.

Ravid, S. Abraham (1999): Information, Blockbusters, And Stars: A study Of The Film Industry, in: Journal of Business, 72. Jg., Heft 4, S. 463 – 492.

Rosen, Sherwin (1981): The Economics Of Superstars, in: The American Economic Review, 71. Jg., Heft 5, S. 845 - 858.

Sattler, Henrik / Völckner, Franziska (2007): Markenpolitik, 2. Auflage, Stuttgart.

Schneider, Ulrich Felix (2004): Der Januskopf der Prominenz – Zum ambivalenten Verhältnis von Privatheit und Öffentlichkeit, 1. Auflage, Wiesbaden.

Schraewer, Claudia (2003): Skandale und Missstände – zur Bedeutung der Sprache für die Realitätsvorstellung, in: Publizistik, 48. Jg., Heft 1, S. 47 – 62.

Sommer, Carlo Michael (1997): Stars als Mittel der Identitätskonstruktion. Überlegungen zum Phänomen des Star-Kults aus sozialpsychologischer Sicht, in: Faulstich, Werner / Korte, Helmut (Hrsg.): Der Star – Geschichte – Rezeption – Bedeutung, 1. Auflage, München, S. 114 – 124.

Steiger, Janet (1997): Das Starsystem und der klassische Hollywoodfilm, in: Faulstich, Werner / Korte, Helmut (Hrsg.): Der Star – Geschichte – Rezeption – Bedeutung, 1. Auflage, München, S. 48 – 59.

Suckfüll, Monika (2003): Parasozial interagieren mit Medienfiguren, in: Herbst, Dieter (Hrsg.): Der Mensch als Marke - Konzepte – Beispiele – Experteninterviews, 1. Auflage, Göttingen, S. 135 – 150.

Thiele, Jens (1997): Künstlerisch-mediale Zeichen der Starinszenierung, in: Faulstich, Werner / Korte, Helmut (Hrsg.): Der Star – Geschichte – Rezeption - Bedeutung, 1. Auflage, München, S. 136 – 145.

Thompson, John Brookshire (2000): Political Scandal – Power and visibility in the media age, 1. Auflage, Cambridge.

Thomson, Matthew (2006): Human Brands: Investigating Antecedents To Consumers' Strong Attachments To Celebrities, in: Journal of Marketing, 70. Jg., Heft 3, S. 104 – 119.

Trommsdorff, Volker (2009): Konsumentenverhalten, 7. Auflage, Stuttgart.

Vogel, Harold Leslie (2007): Entertainment Industry Economics – Guide for Financial Analysis, 7. Auflage, Cambridge et al.

von Halem, Gerhard (2001): Die wirtschaftliche Bedeutung von Stars im deutschen Film, in: Gaitanides, Michael / Kruse, Jörn (Hrsg.): Stars in Film und Sport: Ökonomische Analyse des Starphänomens, 1. Auflage, München, S. 23 – 32.

Wallace, Timothy W. / Steigermann, Alan / Holbrook, Morris B. (1993): The Role Of Actors And Actresses In The Success Of Films: How Much Is A Movie Star Worth?, in: Journal of Cultural Economics, 17. Jg., Heft 1, S. 1 – 27.

Wunden, Wolfgang (2003): Medienethik – normative Grundlage der journalistischen Praxis?, in: Bucher, Hans-Jürgen / Altmeppen, Klaus-Dieter (Hrsg.): Qualität im Journalismus – Grundlagen – Dimensionen – Praxismodelle, 1. Auflage, Wiesbaden.

Internetquellen:

Auxilium-Net (2010): http://www.auxilium-online.net/wb/formenanalyse.php (abgerufen am 04.12.2010).

BBDO - Consultment (2010): http://www.bbdo-consulting.de/cms/de/news/pressemappe/Praesentationen/100809_Marken-bewertung_Fussballer_FINAL_online.pdf (abgerufen am 04.12.2010).

Bundesministerium für Justiz - Gesetz über den Schutz von Marken und sonstigen Kennzeichen (2010): http://bundesrecht.juris.de/markeng/index.html (abgerufen am 04.12.2010).

Bürgerliches Gesetzbuch Online (2010): http://dejure.org/gesetze/BGB (angerufen am 04.10.2010).

Deutscher Bundestag (2010): http://www.bundestag.de/dokumente/rechts grundlagen/grundgesetz/gg_01.html (abgerufen am 04.12.2010).

Deutscher Presserat (2010): http://www.presserat.info/inhalt/der-pressekodex/pressekodex.html (abgerufen am 04.12.2010).

Deutsches Patent- und Markenamt – Amtliche Publikations- und Registerdatenbank (2010): http://register.dpma.de/DPMAregister/Uebersicht (abgerufen am 04.12.2010).

Deutsche Welle Online (2010): http://www.dw-world.de/dw/article/0,,6006141,00.html (abgerufen am 04.12.2010).

Etymologisches Wörterbuch Online (2010): http://www.etymonline.com/ (abgerufen am 04.12.2010).

FFA – Filmförderungsanstalt (2010): http://www.ffa.de/ abgerufen am 04.12.2010)

Forbes Online (2010): http://www.forbes.com/lists/ (abgerufen am 04.12.2010).

Inside Kino Online (2010): http://www.insidekino.com/DJahr/DAlltime100.htm (abgerufen am 04.12.2010).

Langenscheidt Fremdwörterbuch Online (2010): http://services.langenscheidt.de/fremdwb/fremdwb.html (abgerufen am 04.12.2010).

Spitzenorganisation der Filmwirtschaft e.V. (2010): http://www.spio.de/ index.asp?SeitID=3 (abgerufen am 04.12.2010).

The Hollywood Reporter Online (2010): http://web.archive.org/web/20080822081119/http://www.hollywoodreporter.com/hr/tools_data/star_power/index.jsp (abgerufen am 04.12.2010).

Pons Wörterbuch Griechisch – Deutsch (2010): http://de.pons.eu/griechisch-deutsch (abgerufen am 04.12.2010).

Welt Online (XXX): http://www.welt.de/vermischtes/article1526526/Tom_Cruise_steuert_angeblich_Scientology.html (abgerufen am 04.12.2010).